기 적 의   숫 자   퍼 즐

네모네모 로직

1   PLUS

C O N T E N T S

제우미디어

풀이법

설명의 순서대로 한 번만 따라 칠해보면 로직해법을 마스터할 수 있습니다!

기본 규칙

- 숫자는 '연속해서 칠할 수 있는 칸의 수'를 의미한다.
- 한 줄에 여러 개의 숫자가 있을 때는, 숫자와 숫자 사이에 반드시 한 칸 이상을 띄고 칠해야 한다.
- 칠할 수 없는 칸은 ✕로 표시한다.
- 완성된 숫자는 ○로 표시한다.

1

문제의 크기는 5x5이다.

❶은 세로 다섯 칸 중 세 칸을 연속해서 칠해야 한다는 뜻이다.

❷는 두 칸을 칠한 후, **한 칸 이상을 띄고** 다시 두 칸을 칠해야 한다는 뜻이다.

2

5는 다섯 칸을 연속해서 칠해야 한다. 다섯 칸을 모두 칠하고, 완성 된 5에 ○로 표시한다.

3

위쪽의 3은, 세 칸이 연속해서 칠해져야 하니 맨 밑줄은 칠할 수 없게 된다. X로 표시한다.

4

위쪽의 4는, 네 칸이 연속해서 칠해져야 한다. **경우의 수를 따져보면** 네 번째 줄을 칠할 수 있다.

잠깐!

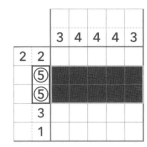

이 경우, 세 칸을 연속해서 칠할 수 있는 경우는 A, B 두 경우이다. 그러므로 칠할 수 없는 마지막 칸은 X로 표시한다.

잠깐!

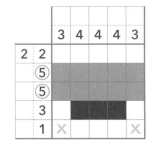

이 경우, 네 칸을 연속해서 칠할 수 있는 경우는 A, B 두 경우이다. 여기서 네 번째 칸은 무조건 칠해진다.

5

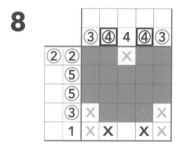

왼쪽의 3이 완성되었으니 숫자에 ○로 표시하고, 네 번째 줄의 양 옆을 ×로 표시한다.

6

위쪽의 3을 다시 보면 네 번째, 다섯 번째 칸이 ×로 표시되어 있다. 그럼 첫 번째 칸을 칠해야 3이 완성된다. 완성된 3은 ○로 표시한다.

7

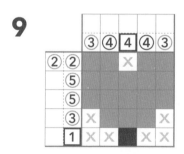

왼쪽의 2는 두 칸이 연속해서 칠해져야 하니, 두 번째 칸과 네 번째 칸을 칠할 수 있다. 세 번째 칸은 ×로 표시하고, 완선 된 2는 ○로 표시한다.

8

이렇게 되면 위쪽의 두 번째, 네 번째가 완성된다. 완성된 4를 ○로 표시하고 맨 밑줄은 ×로 표시한다.

9

이제 남은 것은 위쪽의 4와 왼쪽의 1이다. **맨 밑줄의 남은 한 칸을 칠하면,** 위쪽의 4이자 왼쪽의 1이 완성된다.

잠깐!

네모 로직의 문제 크기가 큰 경우, **큰 숫자부터 공략하는 것**이 쉽다. 예를 들어 문제가 10×100이고 한 줄인 열 칸 중에서 아홉 칸을 연속해서 칠해야 할 때,
전체 칸 수(10) - 해당 칸 수(9) = **빈 칸 수(1)**
이 공식을 이용하면 경우의 수를 쉽게 풀 수 있다. 여기서는 1이 나왔으니 **위아래 한 칸씩**을 비우고 가운데 여덟 칸을 칠한다.

중요한 로직 풀이 TIP!

문제의 크기가 큰 로직 중에는 위의 설명만으로 해결되지 않는 것이 있다. 그럴 때 이것만 기억해 두면 손쉽게 풀 수 있다.

위에서부터 칠했을 때와 아래에서부터 칠했을 때 겹쳐지는 칸이 어디인지를 찾는다. 이때 숫자의 순서는 반드시 지켜야 하며 점을 찍어가며 생각하면 편하다.

❶ 한 칸에 점을 찍고, 한 칸 띄고 6칸에 점을 찍는다.
❷ 뒤에서부터 6칸에 점을 찍고, 한 칸 띄고 한 칸에 점을 찍는다.
❸ 겹치는 부분을 찾아 칠한다.

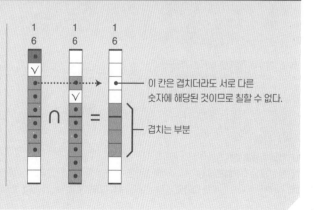

이 칸은 겹치더라도 서로 다른 숫자에 해당된 것이므로 칠할 수 없다.

겹치는 부분

네모네모 로직 플러스 1

초판 1쇄 펴냄　2020년 5월 20일
초판 15쇄 펴냄　2024년 11월 30일

편　　　저 ｜ 제우미디어
발 행 인 ｜ 서인석
발 행 처 ｜ 제우미디어
등 록 일 ｜ 1992. 8. 17
등록번호 ｜ 제 3-429호
주　　　소 ｜ 서울시 마포구 독막로 76-1 한주빌딩 5층
전　　　화 ｜ 02) 3142-6845
팩　　　스 ｜ 02) 3142-0075

I S B N ｜ 978-89-5952-896-7
　　　　　978-89-5952-895-0 (세트)

만든 사람들

출판사업부 총괄 손대현

편집장 전태준 ｜ **책임편집** 양서경 ｜ **기획** 홍지영, 박건우, 안재욱, 성건우, 서민성

영업 김금남, 권혁진 ｜ **문제 디자인** 나영 ｜ **표지·내지 디자인** 디자인 그룹올 ｜ **표지·내지 조판** 디자인수

※ 값은 뒤표지에 있습니다.
※ 파본은 구입하신 서점에서 교환해 드립니다.

A1

딸랑 딸랑

난이도

15×15

							1							
						4	1							
					1	1	1	4	1					
				2	3	1	1	1	4					
		3	4	1	1	1	1	1	1	6	6			
2	3	2	2	2	3	1	1	3	3	2	2	6	3	2

	3
2	2
	3
2	2
2	2
	9
1	3
1	2
2	3
1	9
2	3
2	3
	15
4	5
	5

A2

배를 멈춰요

난이도

15×15

					1				1					
			2	2	2		1		2	2	2			
2	5	6	3	2	2	15	13	15	2	2	3	6	5	2

		3
	2	2
		3
		3
		7
		7
		3
2	3	2
4	3	4
4	3	4
2	3	2
3	3	3
		11
		9
		3

A3

귀에 대면 바다 소리가 나요

난이도

15×15 (nonogram)

Column clues (top):

			15×15			3	1										
					1	3	3	4	2	2			1		1		
					2	1	4	4	7	4	5	3	4	8	6	2	2
				6	4	3	2	1	1	3	3	2	3	2	1	7	3	7

Row clues (left) with grid:

R1	R2	R3	R4	C1	C2	C3	C4	C5	C6	C7	C8	C9	C10	C11	C12	C13	C14	C15
			3															
		1	3															
		3	3															
		2	6															
	1	3	6															
4	4	1	2															
2	4	1	2															
1	5	3	1															
	6	4	1															
	3	4	1															
2	1	4	1															
1	3	3	1															
	2	4	4															
		8	2															
			5															

A4

누우면 편해요

난이도

15×15 (nonogram)

Column clues (top):

			15×15									1	1	1				
										4	1	1	1	1	1	1	
						2	2	3	1	1	1	1	1	1	1	1	
					2	3	1	1	1	1	1	1	1	1	1	2	2
				6	3	1	1	1	1	1	1	3	3	3	3	3	5	12

Row clues (left) with grid:

R1	R2	C1	C2	C3	C4	C5	C6	C7	C8	C9	C10	C11	C12	C13	C14	C15
	9															
1	1															
7	1															
2	2															
1	3															
9	1															
2	1															
2	2															
2	3															
10	4															
1	5															
1 2	2															
	11															
2	2															
2	2															

A5

꽉꽉!

난이도

15×15

Column clues (left to right):

Col	Clues
1	10
2	1 6
3	3 5
4	1 1 4
5	1 1 4
6	3 2 3
7	2 3 2
8	2 2
9	2 3
10	3 3
11	1 1 1 1
12	1 1 1 2
13	2 1 1 3
14	3 2 5
15	11

Row clues (top to bottom):

Row	Clues
1	6
2	2 2
3	2 2 1
4	1 6
5	4 1 1
6	3 5
7	1 4 2
8	1 2 1
9	1 1 1
10	2 1 1
11	3 1 2
12	6 3
13	15
14	5 4 4
15	5 2 2

A6

눈이 잘 보여요

난이도

15×15

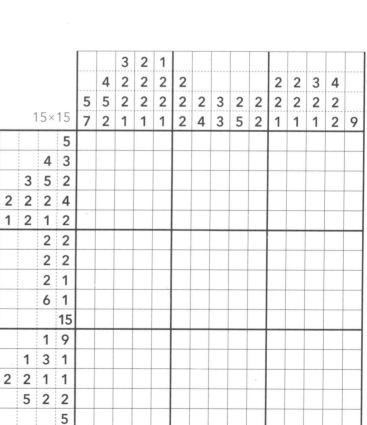

Column clues (left to right):

Col	Clues
1	5 7
2	4 5 2
3	3 2 2 1
4	2 2 2 1
5	1 2 2 1
6	2 2 2
7	2 2 4
8	3 3
9	2 5
10	2 2
11	2 2 1
12	2 2 1
13	3 2 1
14	4 4 2
15	9

Row clues (top to bottom):

Row	Clues
1	5
2	4 3
3	3 5 2
4	2 2 2 4
5	1 2 1 2
6	2 2
7	2 2
8	2 1
9	6 1
10	15
11	1 9
12	1 3 1
13	2 2 1 1
14	5 2 2
15	5

A7

어두운 밤길을 비춰줘요

난이도

20×20

세로(열) 힌트 — 왼쪽부터 오른쪽 순서, 각 열의 숫자는 위에서 아래로

열	힌트
1	2 5 2 1
2	6 3
3	16
4	2 2 1 3 6
5	2 2 1 2 1
6	1 3 2 1
7	2 4 3
8	1 7 2 2 1
9	1 8 2 2 1
10	2 2 4 4 3
11	1 1 9 1
12	1 9 1 6 2
13	6 2 8 7
14	9 2 3 3 1
15	3 3 3 1 1 1
16	3 1 1 1
17	11 3 1
18	2 9 8 3
19	3 3 1
20	10 2 1 1 1

가로(행) 힌트 — 위에서 아래로

행	힌트
1	8
2	3 2 1
3	2 4 2 3
4	1 13
5	2 11 1
6	1 9 4
7	2 3 10
8	3 14
9	3 6 7
10	3 8 4
11	4 6 1 2
12	5 4
13	1 5 7
14	4 15
15	11 2
16	2 4 3 2
17	1 1 2 2 3 1 1 1
18	1 1 2 2 2 3 2
19	1 2
20	1 1 2 2 1 3 2

A8

따리를 틀고 있어요

난이도

20×20

세로(열) 힌트 — 왼쪽부터 오른쪽 순서, 각 열의 숫자는 위에서 아래로

열	힌트
1	20
2	3 8 4
3	2 6 3
4	3 2 2 2
5	3 2 1 2
6	2 1 1
7	1 2 1 1
8	1 2 5 1
9	3 1 3 1
10	1 2 2 1
11	2 2 1 2 1
12	3 3 2 1
13	2 2 2 1
14	2 3 2 1
15	6 11 1
16	3 7 1
17	8 1
18	8 3 13 2
19	10 3
20	11 4

가로(행) 힌트 — 위에서 아래로

행	힌트
1	20
2	5 2 10
3	2 2 2 9
4	1 1 8
5	10 8
6	8 8
7	3 2 6
8	7 4 5
9	4 5 4
10	3 2 2 4
11	2 2 2 1 2
12	2 1 2 2 1
13	1 2 2 1
14	1 3 2 1
15	1 8 1
16	1 6 1
17	2 2
18	3 3
19	5 4
20	20

A9

날씨가 더워지면
하늘을 윙윙 날아다녀요

난이도

20×20

Column clues (top):

	2 2	1 2	1 1	2 2 2	2 2 2							1	1	3	1	2			
	4 2 5	1 5 3	1 3 2	2 2 1	1 3 2	3 2 2	2				1 6 2	6 2 1	2 1 2	1 2 1	2 2 1	1 4	2 2	1 2	4
5 11	6 2	2 1	3 1	3 2	3 3	3 3	4 4	6 5	8 6	7 5	2 4	2 4	2 3	1 3	3 3	3 4	2 5	4 6	

Row clues (left):

					4
			2	2	
			1	2	
			3	2	
			5	4	
	1	4	1	3	
	1	3	3	1	
			2	10	
		4	4	3	
	1	3	5	3	
	3	5	3	1	
	6	4	2	1	
5	3	2	2	2	
	4	3	2	3	
3 3	2	2	2	1	
	2	3	4	4	2
	1	3	7	3	
		1	2	15	
			2	16	
				20	

A10

요즘엔 안테나가
달려 있지 않아요

난이도

20×20

Row clues (left):

		2	3
		2	2
		2	2
		2	2
			18
		2	1
	1	11	4
1 9	2	1	2
	1	11 1	4
		1	13 1
		1	13 4
1	13	1	2
		1	13 4
		1	13 1
		1	11 1
		2	2
			18
			14
		3	3
		3	3

A11

봄이 되면 팔랑팔랑
날아다녀요

난이도

20×20

Row clues (top to bottom):

#	Clues
1	2 2
2	3 3
3	3 2 2 3
4	6 2 1 6
5	7 2 7
6	4 2 1 3 3
7	2 2 6 2 2
8	1 2 4 2 1
9	1 2 1
10	2 2 2
11	3 2 3
12	16
13	2 2 3
14	3 2 2
15	3 2 2
16	2 1 1 2
17	3 1 2 3
18	3 2 6
19	5 4
20	2 2

Column clues (left to right):

#	Clues
1	7
2	5 2 3
3	4 2 5
4	6 2 2 4
5	2 2 3 3
6	2 2 2 1
7	2 2 1 1
8	2 2 1 2
9	2 2 1 2
10	13
11	9
12	2 2 1 2
13	2 2 1 2
14	2 2 1 2
15	2 2 2
16	2 2 4 3
17	3 2 2 4
18	2 4 5
19	5 2 3
20	7

A12

찍찍 쥐가 좋아해요

난이도

20×20

Row clues (top to bottom):

#	Clues
1	20
2	12 7
3	11 6
4	3 2
5	2 2 2
6	2 4 1
7	2 4 2
8	3 2 2 3
9	2 2 1 2
10	4 3
11	1 7 1
12	2 9 1
13	2 1 5
14	3 3 2 1
15	1 2 1 1 4
16	3 3 2 1
17	7 4
18	11 3
19	15 1
20	19

Column clues (left to right):

#	Clues
1	3 4 7
2	3 3 5
3	3 1 2 5
4	3 1 3 2 4
5	3 2 1 1
6	1 1 3 4
7	2 2 4
8	3 2 2 4 3
9	2 2 3
10	5 2 4 3
11	2 1 1 3
12	2 1 4 2 2
13	1 4 2 1 2
14	2 3 1 2
15	3 2 1 2
16	4 2 4 2 1
17	5 2 1 1
18	4 2 1 1
19	3 4 1 4 6
20	3 7

A13

빵 안에 소시지가
들어있어요

난이도

20×20

						1	1	1	2	2	1	2	2	2					
			2	2	3	4	3	2	2	4	3	2	3	3	1	2			
	3	3	2	3	3	3	4	5	2	3	3	3	3	4	2	5	2	3	
15	10	8	7	5	4	3	3	2	2	1	1	1	1	2	6	3	4	6	11

			5
		3	2
		5	3
	2	2	2
	4	3	2
2	2	5	3
1	2	3	2
1	4	3	2
1	4	5	1
1	3	3	2
2	5	4	1
2	5	1	1
3	5	1	1
4	3	1	1
	4	4	2
	5	2	2
	6	1	3
		8	5
		10	6
			20

A14

가오리가 하늘에
떠 있어요

난이도

20×20

		1	1	1			1	1											
		2	2	1	1	1	2	2	3	2									
	3	2	2	2	2	4	2	2	1	1	4	2	2	3	4	5	3	3	
	2	2	3	4	5	5	4	5	5	5	2	5	6	2	1	2	2	3	2
20	7	5	4	3	3	3	2	2	1	1	7	9	6	5	4	3	1	1	3

				13
			2	6
	3	2	1	3
1	2	2	2	3
1	2	2	1	2
	1	2	1	2
	1	3	1	2
1	2	2	2	3
1	2	2	1	3
	3	2	1	2
		2	2	1
		1	5	3
		1	9	3
		2	10	3
		2	10	2
		3	10	2
		4	8	1
		7	6	2
		9	6	1
				20

A15

종이의 꿈은 하늘을
나는 거래요

난이도

20×20

Column clues (top):

									5	5									
					6	6	6	2	1		5	4	4	4	3		3	2	2
	7	7	7	6	3	3	2	1	2	2	4	4	3	3	2	2	2	1	2	1
9	2	2	2	9	3	6	5	2	2	2	3	4	4	3	2	3	3	1	3	3

Row clues (left):

| 20 |
| 19 |
| 16 |
| 14 2 1 |
| 11 2 1 |
| 8 3 2 |
| 4 4 1 |
| 1 4 2 |
| 2 5 1 |
| 2 3 2 2 |
| 5 2 1 |
| 3 2 2 |
| 5 2 |
| 1 2 1 |
| 1 2 2 |
| 1 3 1 |
| 6 2 |
| 3 5 |
| 2 3 |
| 2 |

A16

머리에 분수가 있어요

난이도

20×20

Column clues (top):

				1																
	2	2	3	1	2		2	1	3											
	1	1	2	1	1	5	1	1	2	2	2		2	5	2	2	2			8
	3	1	1	3	1	1	1	2	2	2	2	2	2	2	4	1	2	2	2	4
13	2	5	5	1	4	4	3	4	4	4	5	2	5	4	6	4	11	11	3

Row clues (left):

| 3 3 |
| 2 3 2 |
| 2 1 2 |
| 1 2 2 |
| 1 3 3 |
| 7 1 3 1 |
| 3 2 1 1 1 |
| 2 2 2 1 |
| 1 2 1 2 |
| 1 4 3 |
| 1 2 2 3 |
| 1 2 2 |
| 8 3 |
| 1 4 |
| 2 5 |
| 5 5 3 |
| 19 |
| 1 10 7 |
| 4 15 |
| 7 6 3 1 |

A17

큰 귀를 쫑긋거려요

난이도

20×20

Column clues (top):

								1					1					1		
					1			1	1	1	1	1	1	1	1	1	1			
			1	1	2	2	1	2	1	2	1	1	2	1	1	1	3	3		
	2		2	1	2	1	1	1	1	1	3	2	4	4	2	2	2	1	
3	2	2	9	4	1	5	1	1	1	2	2	1	1	1	2	1	2	3	2
10	10	12	1	1	3	1	1	2	6	3	2	1	1	1	1	1	2	3	11

Row clues (left):

- 8
- 3 2
- 5 8
- 2 4 3
- 2 4 2
- 2 3 8
- 1 2 4
- 2 2 3
- 2 2 3
- 6 3
- 4 2
- 4 3 2
- 4 2 1
- 5 1 2 1
- 5 1 2 1
- 5 1 1 1
- 5 1 1 1
- 4 2 2 2
- 3 1 4 3
- 20

A18

허리가 긴 게 매력 포인트죠

난이도

20×20

Column clues (top):

		2				4					3				3	
1	3			3	3			4	3	2	3		6	2	1	
7	2	4	3	3	3	2	1	6	6	4	1	2	1	1	3	2	5	4	4
4	3	4	2	1	2	2	2	1	2	3	2	2	1	1	3	5	2	4	3
4	4	3	3	2	2	1	1	2	5	2	1	5	3	1	4	1	1	2	3

Row clues (left):

- 20
- 19
- 1 18
- 3 5 1 2
- 2 2 2
- 2 3 2 4
- 1 1 1 2 2
- 1 2 1 3
- 1 1 2 2 1
- 1 3 2 3
- 2 3 6
- 1 2 2 1
- 3 2 1
- 3 2 2
- 2 2 2
- 1 5
- 2 1 2 3
- 4 1 3 3 1
- 6 2 2 2
- 8 4 4

A19

노란 껍질을 벗겨 먹으면
아주 달콤해요

난이도

20×20

세로(열) 힌트 (각 열을 위→아래로)

열	힌트
1	3 3
2	4 3
3	3 3
4	4 4
5	1 2 3 1
6	1 5 3 1
7	1 8 1
8	1 5 1
9	1 1 1
10	2 3 2 2
11	5 3
12	7 3 10
13	1 8
14	2 4
15	3 2
16	6 2 2
17	1 2 3
18	2 8 12
19	6 3
20	1 5 3

가로(행) 힌트 (각 행을 위→아래 순)

행	힌트
1	4
2	2 2
3	1 1
4	6 1 2
5	3 3 1
6	6 2 3
7	7 2 1 2
8	2 2 1 1 1
9	2 2 2 3
10	4 1 4
11	3 10
12	2 3 5
13	4 2 4
14	3 2 2
15	2 2 1
16	1 2 1
17	2 3 1
18	4 4 4
19	4 12
20	20

A20

지우개의 짝꿍이에요

난이도

20×20

세로(열) 힌트 (각 열을 위→아래로)

열	힌트
1	1 3
2	3 6
3	4 3
4	3 3
5	1 1 1
6	2 1 1
7	2 2 2
8	2 2 1
9	2 2 1
10	2 2 5
11	2 2 5
12	2 2 5
13	2 6 5
14	2 5 7
15	3 7 3
16	2 5 3
17	1 2 5 4
18	1 2 3 4
19	2 5 5
20	2 5 6

가로(행) 힌트 (각 행을 위→아래 순)

행	힌트
1	5
2	3 2
3	2 2 2
4	3 2 1
5	2 2 2 1
6	2 3 1 1
7	2 2 2 3
8	2 2 5
9	2 2 5
10	2 2 5
11	2 2 5
12	2 2 5
13	5 5
14	1 2 5
15	3 14
16	1 3 8
17	1 2 7
18	3 4 5
19	6 3
20	3 1

A21 소리를 크게 해줘요

난이도

25×25

세로 힌트 (열)

9	1	1	2	1	1	1	7	20	20	1	2	1	1	2	1	1	2	2	5	25	23	2	2	18
															1									
											2				1									
		1								1	4	1	2											
		2	6	1	1					2	1	1	4	2										
	2	2	1	4	3				3	1	2	2	4	4	2									
	4	2	4	6	4				4	6	2	1	1	3	6	1								
8	2	2	3	2	2	2	11	2	2	2	2	2	2	2	2	4	1					2	2	

가로 힌트 (행)

							5
					4	2
			3	4	3
				8	4
		3	4	3	2	2
2	3	3	2	2	2	1
1	4	3	2	2	2	1
	1	4	3	3	2	1
		1	2	3	2	1
			1	3	2	1
	1	3	3	4	2	1
3	2	3	2	2	2	1
	3	3	5	4	2	1
1	1	3	5	5	2	1
1	5	2	2	2	2	2	1
	1	3	3	2	4	2	1
		1	3	2	2	2	1
		1	3	3	4	2	1
			1	8	2	2	1
			1	6	5	2	1
		4	3	5	3	1
			9	2	3	2
				4	5
					9
					4

난이도

25×25

Column clues (top):

								4							2							
					4	3	1								2	2	2					
5	8		4	4	2	2	3	3	3					3	1	1	3	3	3			
2	1	10	1	2	1	1	1	3	2	10	7		4	2	1	2	1	2	2	10	8	2
1	2	2	4	3	3	2	2	4	4	2	1	10	4	4	2	1	2	4	5	2	1	2
14	1	1	2	9	2	2	2	2	2	3	10	8	2	2	2	12	2	2	2	9	1	1	15

Row clues (left):

| 6 7 |
| 10 9 |
| 14 4 |
| 6 1 5 2 |
| 3 3 3 4 |
| 6 6 2 4 |
| 3 2 5 1 2 |
| 3 2 3 3 2 |
| 2 3 4 2 3 |
| 2 2 2 3 5 |
| 5 13 2 |
| 2 7 2 2 1 |
| 1 4 3 2 4 1 |
| 1 2 4 2 3 4 |
| 3 2 1 1 2 |
| 1 1 1 1 |
| 1 1 1 1 1 1 |
| 1 1 2 1 1 1 |
| 1 1 2 1 1 1 |
| 1 1 2 1 1 1 |
| 1 1 2 1 1 1 |
| 1 1 2 1 1 1 |
| 1 1 3 1 1 1 |
| 12 12 |
| 1 9 9 1 |

A23　새콤달콤한 보라색 과일

난이도

25×25

세로 힌트 (위)

1	2	3	4	5	6	7	8	9	10	11	12	13	14	15	16	17	18	19	20	21	22	23	24	25
	2	2									4													
	2	4	1	1			2	1	1		5	2	1	1	1	2	4	1		1	2			5
4	2	1	6	7	1	6	3	4	5	6	2	6	6	6	5	2	5	1	5	3	5			2
4	3	3	4	4	14	4	6	6	8	2	10	3	6	6	6	8	4	9	1	3	5	7	3	3
5	2	4	5	5	1	3	4	4	4	3	4	5	5	5	5	2	4	4	4	3	2	9	3	4

가로 힌트 (왼쪽)

			5	2
		2	2	2
	1	2	1	3
		1	9	2
			10	4
4	1	5	3	2
2	1	2	4	6
		2	3	15
		1	11	8
	1	10	3	2
12	4	1	2	1
	6	1	6	5
		3	10	5
			5	17
	2	1	11	2
1	3	5	4	2
1	10	1	2	2
		11	5	2
		9	4	6
2	2	2	4	5
		1	3	8
	1	3	3	6
	1	3	10	
			5	6
				10

017

A24 왕의 머리 위에 있어요

난이도

25×25

세로 힌트 (열)

위에서부터 아래로 나열된 힌트 줄 (좌→우):

- 2 · · · 2
- 2 · · · 3 2
- 4 · · 2 2 · · 2 1
- 2 1 1 11 2 2 2 1 11 11 2 1 2 3 11 8 4 2 · 1 1
- 9 3 2 7 2 2 2 2 2 2 5 17 2 2 2 4 2 2 2 4 3 8
- 4 7 2 1 4 2 1 2 1 1 1 1 1 1 1 1 1 2 1 1 2 3 7 2 6
- 4 4 4 6 4 3 3 2 2 2 2 2 2 2 2 2 2 3 3 3 4 6 4 4

가로 힌트 (행)

행	힌트
1	2
2	2
3	6
4	6
5	2
6	6 4 5
7	3 13 4
8	3 9 4 3
9	3 3 3 4 2
10	3 2 3 3 2
11	3 2 3 3 2
12	2 2 2 2 3 3
13	6 5 2 3
14	5 3 3 3
15	1 3 14
16	1 4 4 3 4
17	3 1 2 1 2
18	1 2 2 2
19	1 2 2 2 2 1
20	3 2 2 3
21	1 3 4 1
22	5 11 4
23	7 7
24	25
25	25

25×25

열(세로) 힌트:

1	2	3	4	5	6	7	8	9	10	11	12	13	14	15	16	17	18	19	20	21	22	23	24	25
								4																
								5																
						2		2	2			6				5	3	4			10	2		
						2	2	4	14	3	13	2	4	9		2	1	1			10	2		
	2	1	2	5	4	5	4	1	1	15	5	3	8	4	9	2	3	4	8		1	7	1	2
4	2	2	1	5	3	7	12	1	1	3	2	8	7	1	1	2	2	6	16	1	1	3	3	4

행(가로) 힌트 (위에서 아래로):

- 6
- 8
- 3 2 4
- 4 2 3
- 2 1 3
- 1 3 4
- 1 5 4
- 3 6
- 1 6 4
- 15 3
- 1 15 2
- 8 3 4 1
- 4 3 3 4 1
- 1 5 3 4 2
- 7 3 5 1
- 4 2 4 6
- 7 4 5
- 7 4
- 15
- 13
- 4 4
- 3 4
- 6 2
- 5 6
- 3 2 3 1

난이도

25×25

Column clues (top → bottom):

c1	c2	c3	c4	c5	c6	c7	c8	c9	c10	c11	c12	c13	c14	c15	c16	c17	c18	c19	c20	c21	c22	c23	c24	c25
									2															
						2	1		2	1	5	5												
					3	1	1	3	2	3	2	4	3	2	4									
3		4		4	3	5	5	2	3	7	2	1	1	1	4	6	6	2	2					
1	4	4	2	5	4	2	1	4	2	1	1	2	2	1	1	1	2	4	4	2	6			
3	4	4	5	4	5	2	2	1	1	4	1	1	1	1	1	1	1	2	2	2	1	6	4	3
4	4	4	7	4	3	3	2	2	1	1	1	1	1	1	7	7	5	5	3	4	6	10	8	9

Row clues (left → right):

Row	Clues
1	2 4
2	4 2 3
3	4 1 4 2
4	2 4 9 4
5	3 5 4 2 2 2
6	4 3 1 2 3
7	10 3 3
8	3 2 9
9	1 4 5
10	2 1 3 7
11	1 2 2 1 2 4 2
12	1 3 3 1 2 2 1
13	11 1 1 2
14	11 5
15	1 14 1
16	5 4
17	6 5
18	8 7
19	11 10
20	7 5
21	5 5 4
22	2 1 5 3
23	1 9 2
24	3 5 1
25	12

난이도

25×25 네모로직 (Nonogram)

세로 힌트 (열, 왼쪽→오른쪽 / 위→아래)

열	힌트
1	6
2	10
3	8 2
4	11 1
5	2 3 2 1
6	1 2 2 1 2 1
7	1 2 2 2 1
8	2 4 1
9	2 3 2
10	3 7 3
11	3 1 1 7 1
12	3 2 4
13	4 1 5 4 1
14	11 5 2
15	8 3 2
16	3 2 4
17	2 1 4
18	2 3
19	1 4
20	5 2
21	2 8 2
22	4 8 4
23	5 14 6
24	21
25	7 15 2

가로 힌트 (행, 위→아래)

행	힌트
1	9
2	11
3	6 4
4	5 6
5	1 4 4
6	1 5 4
7	4 2 4
8	2 2 4
9	1 3
10	5 1 3
11	2 4 2 5
12	2 2 2 1 5
13	2 2 1 1 6
14	3 1 1 6
15	4 1 2 6
16	5 2 1 6
17	3 3 1 3 2
18	4 2 4 2 2
19	4 2 5 2
20	2 2 1 3 1 3
21	2 5 1 1 2 2
22	2 3 1 2 1 3
23	2 1 6 4
24	2 2 13
25	10 7

난이도

25×25

Column clues (top):

| 11 | 2 9 | 2 8 | 2 6 | 2 4 | 2 3 4 | 3 3 | 5 5 3 | 4 2 4 | 11 3 3 | 4 5 3 2 | 3 4 1 | 2 3 3 1 | 3 2 2 1 | 1 1 2 2 1 | 1 1 2 4 1 | 1 1 2 2 1 | 1 1 4 2 1 | 1 1 2 2 1 | 1 1 1 1 3 2 1 | 2 3 2 | 2 2 1 | 5 6 3 | 22 | 4 8 |

Row clues (left):

			9
		3	4
		11	3
		3	2
		2	2
		2	2
		3	2
		2	2
	2	3	2
2	2	2	2
	2	9	2
4	3	2	2
		3	4
	3	5	5
5	2	10	3
1	4	8	3
	2	3	2
	3	2	2
	3	1	2
	4	1	2
	4	1	2
	6	2	3
		9	2
		10	4
			21

난이도

25×25

가로 힌트 (행)

1. 4
2. 6 5 4
3. 2 4 3 3
4. 3 5 4 2
5. 4 5 2 2
6. 3 4 2 2
7. 1 4 4
8. 2 2 3
9. 5 2
10. 2 1
11. 1 1
12. 3 2
13. 4 7 1
14. 2 5 2 2
15. 1 2 1 2
16. 1 10 1 3
17. 5 4 3
18. 3 3 3 3
19. 4 7
20. 1 1 3 3 2 2
21. 1 1 8 7
22. 1 1 6 2 5
23. 1 1 3 1 4 1
24. 1 1 4 1 5 2 1 2
25. 1 1 5 5 8

세로 힌트 (열)

1. 5 3
2. 2 3
3. 2 2 3
4. 1 2 3
5. 1 5 2
6. 3 3
7. 1 1 2 3
8. 3 1 3 2
9. 6 2 1 1 5 1
10. 2 7 2 1 2 5
11. 1 1 2 2
12. 2 2 1 4 1
13. 5 1 5 2 3 2
14. 3 2 2 1 2 3
15. 3 2 2 2 1 3
16. 1 4 5 4
17. 6 3 1 3
18. 1 3 2 1
19. 1 1 3 2
20. 1 2 4 2
21. 3 2 2 1
22. 5 3 2 2 5
23. 2 1 1 2 2 1
24. 2 2 3 4 2
25. 8 10 3 2

난이도

25×25

Column clues (top):

		6	4	3				1	2							5	4	3	3		2	2	3		
	6	3	3	2	2	2	2	3	3	4					9	1	1	2	1		1	2	2		
	5	2	3	3	1	2	1	1	3	4	12	7	11	1	1	2	2	2	2	2	2	1	3	8	
6	1	2	2	2	6	4	3	3	2	4	4	6	5	5	2	2	3	4	1	3	2	2	3	11	
5	4	4	4	1	2	3	5	6	8	4	4	4	4	4	7	5	3	1	5	3	3	3	5	4	

Row clues (left):

| 25 |
| 7 17 |
| 5 10 3 |
| 4 7 2 |
| 3 2 5 2 |
| 4 2 4 8 |
| 2 2 7 4 |
| 5 3 2 2 |
| 1 6 6 1 |
| 2 4 3 1 |
| 1 8 2 |
| 1 5 2 4 1 |
| 1 6 2 4 2 |
| 7 3 4 1 |
| 5 3 5 |
| 1 2 2 1 |
| 2 2 2 2 |
| 2 2 1 1 |
| 2 2 2 2 |
| 2 2 2 2 |
| 1 3 2 2 |
| 4 10 2 |
| 4 12 5 |
| 4 13 5 |
| 19 5 |

A31 잼을 발라 먹으면 맛있어요

난이도

25×25 노노그램

가로줄 힌트 (행, 위 → 아래):

행	힌트
1	6
2	6 4
3	5 3 3
4	19
5	2 14
6	1 10
7	1 8
8	1 7
9	2 5 2
10	1 3 1
11	2 2 1
12	2 1 1
13	6 3 1
14	2 4 2 1
15	2 2 2 1
16	3 3 2 1
17	3 3 2 2
18	5 3 2 3
19	5 13
20	19
21	2 5 5
22	3 4
23	3 5
24	9
25	7

세로줄 힌트 (열, 위 → 아래):

열	힌트
1	5
2	10
3	1 3 9
4	1 3 4
5	3 3
6	5 4 3 2
7	2 6 2 2
8	2 1 2 2
9	2 2 2 2
10	3 2 3 3
11	3 1 2 3
12	4 2 2 2
13	1 2 1 2 2
14	2 2 2
15	2 2 6
16	1 4 5
17	1 4 9 4
18	1 7 3
19	2 6 9
20	1 6 8
21	1 6 1
22	8 2
23	6 1
24	7 2
25	4 9

난이도

25×25 노노그램 (Nonogram)

세로(열) 힌트 — 위에서 아래로, 왼쪽 열 1 ~ 오른쪽 열 25

C1	C2	C3	C4	C5	C6	C7	C8	C9	C10	C11	C12	C13	C14	C15	C16	C17	C18	C19	C20	C21	C22	C23	C24	C25
														1										
														2										
								3		2	1	2		3										
				3				2	2	5	3	3	1	3		5	2				3	2		
	3			2	2	7	2	2		5	5	3	2	2		5	2	2	6	5	4	2	3	
	1	4	2	3	2	2	2	2	4	2	3	3	3	2	8	6	2	2	3	4	4	2	3	
1	4	2	1	1	1	1	1	2	1	2	2	2	2	3	13	2	1	2	5	5	2	3	2	9
4	2	1	1	2	1	1	1	1	2	2	3	3	1	1	1	2	2	2	3	3	3	4	5	9

가로(행) 힌트 — 위에서 아래로, 행 1 ~ 행 25

행	힌트
1	8
2	3 7
3	2 4 4
4	2 6 6
5	1 3 2 3 1
6	2 3 2 3 2
7	1 2 3 2 1
8	1 4 3 3 1
9	1 3 2 3 1
10	3 2 3 2 1
11	3 3 3 4 1
12	2 5 2 2 1
13	1 1 3 3 2 2
14	2 1 3 3 3 2
15	2 1 1 3 4 2 2
16	4 1 2 2 3 4
17	1 1 1 2 2 7
18	3 1 1 1 7 2
19	1 1 1 1 4 1
20	2 2 2 1
21	3 2 3 2
22	1 3 3 3 3
23	2 4 4 6
24	4 4 9
25	21

A33 발을 숨겨줘요

난이도

25×25

Column clues (top to bottom):

Column	Clues
1	5
2	4 7
3	2 2 5
4	4 2 5
5	6 2 4
6	1 4 3 4
7	1 3 4 4
8	1 2 3 4
9	1 2 2 2
10	1 2 2 2
11	2 2 2 3
12	1 2 2 2 2
13	7 2 5
14	4 4 11
15	3 8 5
16	2 4 5
17	12 5
18	2 2 3 5
19	2 3 2 4
20	2 2 2 3
21	2 2 2 2
22	2 2 2 3
23	1 2 3 3
24	10 3
25	6 6

Row clues (left to right):

Row	Clues
1	1 2 1
2	1 8 2 5 1
3	4 15
4	4 2 2 2
5	2 7 3 3
6	9 9
7	3 1 1 4 1
8	1 7 2 2
9	9 8
10	2 1 8
11	1 2 1 1
12	2 1 1 2
13	1 3 1
14	2 3 1
15	2 3 1
16	2 4 1
17	2 4 2
18	2 2 2 1
19	4 1 1 2
20	8 2 2 1
21	10 6 2
22	9 9 1
23	7 11
24	9
25	6

A34 가르침을 주시는 분이에요

난이도

25×25 네모로직 퍼즐

세로 힌트 (열):

| 10 | 5 6 | 2 2 1 | 5 2 1 1 | 7 9 2 5 1 1 | 4 3 4 2 1 1 | 2 1 3 2 3 4 3 1 | 2 2 3 4 1 10 2 | 3 3 2 2 1 2 8 2 2 | 6 2 3 2 | 3 1 2 8 | 5 5 | 4 5 | 2 8 1 | 11 1 1 | 13 1 | 2 2 2 4 | 2 2 1 3 3 | 1 1 2 3 4 3 | 2 1 3 3 4 | 2 3 2 1 3 3 | 2 2 2 2 3 | 2 2 2 2 3 |

가로 힌트 (행):

- 6 2 2
- 8 2 3 2
- 3 3 2 3
- 3 1 2 2 1
- 2 1 3 2 3 1
- 2 1 1 2 2
- 4 2 2 1
- 3 5 2 2
- 5 1 2 2 1
- 4 3 6
- 2 2 4 3 1 3
- 2 2 2 2 1 1 3
- 1 3 7 2 1
- 1 1 5 6
- 1 8 1 7
- 1 8 2 1 4
- 1 7 3 2 2
- 1 1 12
- 1 1 7
- 2 1 7
- 2 8
- 2 7
- 5 1
- 1 6
- 10

난이도

25×25

Column clues (top):

C1	C2	C3	C4	C5	C6	C7	C8	C9	C10	C11	C12	C13	C14	C15	C16	C17	C18	C19	C20	C21	C22	C23	C24	C25
	3	3				4	3				2	3	3	3	4									
	6	6	5	5	4	5	6	3	2	2	2	4	6	7	7	4			3	3	3	3	3	
3	2	2	5	5	5	2	2	5	5	3	3	2	3	1	1	7	13	8	6	3	1	3	2	
8	3	2	5	4	2	2	1	1	1	1	2	1	2	1	1	2	2	3	3	3	4	8	1	3
5	4	4	3	3	2	2	1	2	1	4	2	1	2	5	3	1	1	2	2	2	2	2	2	7

Row clues (left):

Row						
1						25
2						25
3					9	13
4					4	3
5					3	2
6					2	3
7					3	4
8					5	6
9					7	9
10				9	10	2
11			2	7	9	3
12		1	7	7	1	1
13		1	5	6	1	1
14			3	5	3	4
15	4	1	1	2	2	1
16	1	2	2	2	3	1
17	2	2	3	5	4	2
18			5	2	5	2
19			5	3	3	2
20					2	2
21			1	3	5	2
22			3	4	3	2
23				5	1	5
24				7	2	3
25					8	4

난이도

25×25

가로(행) 힌트 — 위에서 아래로:

#	힌트
1	8 11 4
2	7 1 2 5 4
3	7 4 4 3
4	3 3 3 3 2
5	8 4 4 4
6	5 7 9
7	8 4 3 5
8	7 7 5
9	1 4 8 4 2
10	5 1 3 2 2 2
11	4 2 2 2 5
12	3 1 1 2 2 2
13	3 2 1 2 2 2
14	2 2 4 2 3
15	2 2 3 2 4
16	1 2 2 2 2 1
17	1 1 2 2 1
18	1 2 1 2 2
19	1 1 2 3
20	1 1 2
21	1 2
22	2 2 1
23	2 1 2
24	2 3
25	2 4

세로(열) 힌트 — 위에서 아래로 (열 1~25):

열	힌트
1	19 2
2	8 6 4
3	13 6
4	3 7 3
5	5 10 2
6	1 5 3 2
7	8 2
8	1 3 3
9	3 3
10	1 2 1 1
11	9 3
12	3 1 13
13	2 11 2
14	8 4 2
15	2 2
16	3 2 2
17	2 2
18	7 2 2
19	6 2 2
20	2 2 2
21	2 2 2 7 2 2
22	2 4 1 2 2 1
23	8 1 2 2 2
24	15 2 3
25	3 15 4

A37　마트의 해결사에요

난이도

25×25 노노그램(네모로직) 퍼즐

가로(행) 힌트 — 위에서 아래로

행	힌트
1	12 1
2	11 1 2
3	10 1 3
4	10 2 5
5	9 2 6
6	9 2 2 2
7	7 2 2 2 3
8	6 5 3 2
9	6 3 2 1 2 1
10	5 3 1 2 3 1
11	5 3 1 3 4
12	1 2 5 2 3
13	2 3 7
14	1 2 2 3
15	2 3 3 1
16	1 2 1 1 2
17	2 3 4 3
18	1 2 1 4
19	1 3 2 5
20	4 1 6
21	2 2 7
22	4 1 8
23	3 2 9
24	5 10
25	3 11

세로(열) 힌트 — 위에서 아래로

열	힌트
1	11 11 4
2	11 3 1
3	3 3
4	11 13 6
5	9 5 1
6	7 5 1
7	6 5 2
8	5 2
9	4 11 2
10	2 4 2
11	1 1 2
12	4 5 3
13	4 1 3
14	1 1 3
15	4 3 3 1
16	2 3 2
17	2 3 1 3
18	10 4
19	3 2 5
20	5 2 6
21	2 2 2 7
22	2 2 2 8
23	5 4 9
24	7 2 10
25	5 6 11

A38 목소리만 담겨요

난이도

25×25

									2		4													
									1	2	1	1												
								1	1	1	1	1	1	5					2		6			
								1	1	1	1	2	2	1	1			1	1	2	1	2	3	
							3	2	1	2	1	2	2	1	1	1	1	1	1	1	1	3	2	
		3	3	3	3	4	1	1	1	1	1	1	1	2	2	1	2	2	3	1	3	2	2	
	2	1	1	1	1	1	5	2	1	2	1	2	5	2	2	3	5	2	1	7	3	2	2	
11	13	13	14	13	13	2	2	2	2	1	1	1	1	1	2	1	1	1	1	2	3	3	3	13

					2	4	1
				2	1	1	2
				2	1	1	3
			2	3	2	1	1
			3	2	2	2	1
						3	2
						3	7
						8	4
						8	3
						2	8
					4	6	1
						13	1
				6	2	5	1
			6	5	2	2	5
	6	2	1	2	2	3	2
6	1	1	1	1	2	2	1
	6	2	1	2	2	3	2
	6	1	1	1	3	2	5
		6	2	1	4	5	1
					5	5	1
						5	5
						4	9
					4	7	3
							7
							3

A39 밤에 불면 뱀이 나온대요

난이도

25×25

위쪽 힌트(열, 왼쪽→오른쪽 순서, 위→아래로 적음):

행	힌트
1	5　　　　3 4
2	3 3 3　　　　　　5 1 4　　3 1
3	4 2 1 1　2 2 2 1　6　5 7　1 1 1 3　1 1 9 5
4	5 4 1 1　2 3 2 2 1　1　2 2 8 2 1 3 3　2 1 2 5
5	10 2 1 2 1　2 1 2 1 1　2 2 12 2 2　5 3 2 3 3　1 2 2 1 5
6	3 4 2 1 1　2 2 4 3 2　3 2 2 2 2　5 2 2 2 1　1 1 2 3 4

왼쪽 힌트(행, 위→아래):

행	힌트
1	8
2	11
3	12
4	8 3
5	7 2
6	5 2
7	2 5 4
8	2 1 1 1
9	3 2 1
10	3 3 3
11	13 2 3 2
12	9 2 4 3
13	6 7 5
14	3 3 2 3 2
15	2 4 1 5 1
16	1 2 5 7
17	1 1 3 2 2 3
18	6 4 1
19	3 3 4
20	1 3 3
21	3 1 2
22	3 2 3 1
23	2 2 3 2
24	3 3 5
25	8 3

A40 다그닥다그닥

난이도

25×25

			2																					
		5	1																					
		1	1	3	3	1							3											
	3	1	1	2	2	1					1	1	1	3	4			4		4				
	2	1	1	2	3	1	3	3	6		4	5	3	2	2	4	4	1	4	1	2	1	5	
4	2	3	6	8	5	8	2	2	3	5	3	3	3	1	2	1	2	3	1	2	3	6	7	5
10	5	3	2	1	3	3	5	6	3	2	2	5	3	3	4	7	6	3	2	3	8	5	5	8

				5	11	1
			4	5	9	2
		1	2	4	8	3
			2	5	6	3
			1	2	5	4
			2	1	4	7
		1	2	3	3	2
			5	2	4	2
			1	4	2	1
			1	1	1	2
				2	3	2
				4	1	2
				2	1	2
				3	2	2
		3	1	1	4	1
		3	6	5	2	1
	2	7	2	4	1	2
1	5	1	1	3	1	1
	1	3	1	2	4	3
	1	3	1	1	4	3
	2	4	2	2	3	4
	2	4	1	1	3	3
		3	3	2	2	3
					4	4
					5	3

난이도

25×25

Column clues (top, 25 columns):

1	2	3	4	5	6	7	8	9	10	11	12	13	14	15	16	17	18	19	20	21	22	23	24	25
															2									
			3							2					1	2		2	4					
		2	2	2					1	1	1	1	2		1	3	1	2	2	3		2		
	5	5	1	2	3	5	1	1	4	1	1	1	4	3	3	3	1	5	1	7	4	6	2	
	1	1	1	3	2	1	4	1	7	1	3	3	3	3	3	7	2	1	1	2	4	7		
7	3	3	3	2	2	4	3	6	2	7	4	1	2	1	2	2	2	2	1	4	2	3		
1	2	2	3	1	5	7	2	2	1	2	2	2	2	3	2	2	2	2	3	4	2	1	17	4

Row clues (left, 25 rows):

Row	Clues
1	16
2	2 11
3	3 3 2
4	2 1 6 2 1
5	6 5 1 1 1 1
6	1 1 3 1 6 2 1
7	1 3 5 5 1
8	2 3 2 1 3
9	4 3 1 1 4
10	1 2 7 1 3
11	1 2 8 1 3
12	2 1 3 3 1 3
13	1 1 2 8
14	1 2 2 5 4
15	2 2 3 4 2 1
16	1 3 3 2 2 1
17	2 4 1
18	9 2 1
19	8 2
20	5 2 6 1
21	2 2 4 2
22	3 3 2
23	2 2 4 3
24	3 2 9
25	5 2 4 4

A42 이걸 배우면 무서울 게 없어요

난이도

25×25 네모로직 퍼즐

가로 힌트 (행)

행	힌트
1	6 5
2	7 3 1 3
3	4 2 3 4 2 2
4	4 3 1 3 2
5	2 1 1 3 3 2 1
6	2 2 2 1 7
7	6 3 2 2
8	2 2 4 1
9	4 2 2 3
10	1 5 1 3
11	2 3 2 2
12	1 3 2
13	1 3 3 2
14	1 2 6 1
15	3 1 1 2 1
16	4 1 2 1
17	1 1
18	9 12
19	9 12
20	9 12
21	1 2 9
22	5 8
23	1 1 7
24	2 1 6
25	6 5

세로 힌트 (열)

열	힌트
1	4 3
2	4 2 6 5
3	3 5 3
4	3 4 2 3
5	2 1 3 2 3 1
6	3 2 1 1 3
7	9 2 1 3 3
8	1 1 3 9 2
9	2 1 3 2 1
10	1 2 6 1 1
11	1 2 11 1 1
12	2 3 2 1 5
13	3 3 1 9
14	3 1 1 3
15	1 3 1 1 3
16	3 1 1 2 4
17	1 2 1 5
18	2 3 2 2 6
19	2 2 1 7
20	2 4 2 8
21	2 2 8
22	1 2 1 8
23	2 2 1 8
24	1 3 8

A43 말을 따라해요

난이도

25×25

Column clues (top to bottom, columns left to right):

1	2	3	4	5	6	7	8	9	10	11	12	13	14	15	16	17	18	19	20	21	22	23	24	25
							1	1	2							2		2						
				5		1	2	2	2			3	3	4		2	9	1						
	3	3	3	3	2	4	3	2	3	2		2	4	7	5	3	2	3		3	8			
5	2	2	3	1	5	6	3	1	1	4	7	2	1	1	5	1	1	1	6	2	1	9	2	
3	3	4	3	3	3	3	3	2	1	6	5	2	1	2	5	2	2	4	8	6	3	2	2	4

				9
			4	5
		4	2	3
	4	2	2	2
	2	2	4	2
	1	2	4	4
	1	3	2	5
	1	4	1	3
2	5	1	1	2
3	1	1	2	2
	3	1	2	6
1	2	1	1	1
1	2	1	1	2
	1	3	2	3
	1	2	1	3
	2	2	1	2
	1	2	1	2
	2	3	1	2
		2	5	1
		3	3	4
		5	13	2
8	3	1	3	2
	6	3	8	1
		4	3	11
	3	2	1	4

난이도

30×30

Row clues:

						11
					3	14
				5	4	10
			4	1	4	10
			4	1	3	7
			4	1	2	5
		4	1	4	4	4
4	1	3	1	2	1	3
1 1 1	3	1	2	1		3
			7	1	2	2
	1	3	1	5		3
	5	1	1	2	3	5
1 1 1	1	2	1	1		3
	7	2	7	1	1	1
	2	3	1	1	1 1	2
	3	2	2	5	3	3
	3	3	3	1	1	1
			1	1	2	1
				2	1	6
				2	5	2
			3	1	2	1
			2	2	1	1
			7	7	2	1
			9	1	1	1
		14	1	2		1
		14	1	2		2
			14	1		5
			14	2		1
			14	1		2
				14		13

B45 어떤 게 가장 맛있을까요?

30×30

가로 힌트 (행)

			5	10	9
		3	6	5	8
2	3	3	2	3	7
	1	6	2	6	6
		1	3	9	5
	4	2	4	7	4
	5	5	4	3	3
1 1	2	3	2	2	
1 1	2	3	1	1	
	2	4	6	3	
		5	9	4	
	6	3	8	1	
1	1	6	4	2	
1 2	1	2	4	2	
1	2	1	2	8	
7	1	2	4	4	
3	1	2	3	8	
1 1	1	6	4		
2 1	3	3	2	2	
3	2	8	5	1	
4	5	3	2	5	
5	2	4	9	1	
	6	4	3	1	
3 3	2	2	3	2	
1 1	3	2	6	2	
1	2	4	2	3 3	
1 1	4	2	2	3	
	1	2	5	5 3	
	2	1	5	3 4	
		2	2	5 4	

B46 목에 부채를 낀 공룡이에요

난이도

30×30 네모로직 (Nonogram)

가로 열쇠 (행, 위에서 아래로):

- 8
- 5 5
- 3 3 2 2
- 4 2 1 2
- 3 3 2 2
- 2 2 3 3
- 5 1 1 1 2
- 4 4 2 4 2
- 5 5 2 3 3
- 4 3 2 2 1
- 2 2 1 2 1
- 4 6 4 2
- 5 4 2 3
- 2 2 2 1 2 2
- 4 2 2 2 2 1 1
- 5 2 2 4 2 1
- 1 2 1 4 2 5 1
- 2 1 3 7
- 2 1 2 2 3
- 2 1 2 5
- 2 3 1 3
- 4 7 1 4
- 6 6 4 5
- 3 2 6 2 5
- 1 2 1 1 2 5
- 6 3 1 2 5
- 6 8 2 3 3
- 6 1 1 1 3 6 1 4
- 18 1 1 7
- 30

난이도

30×30 네모로직 (노노그램)

행(가로줄) 힌트 — 위에서 아래로:

1. 15 3
2. 3 8 3 4 1
3. 2 4 4 3 5 1
4. 2 4 4 2 1 2 1
5. 1 4 4 2 1 4 1
6. 1 5 3 1 2 4
7. 2 2 2 5 1
8. 1 2 2 7 1
9. 2 1 1 2 5 1
10. 1 4 3 1
11. 24 2 1
12. 4 6 2
13. 2 6 2
14. 2 1 2 2
15. 2 1 2 2 2
16. 1 1 4 2 8 2
17. 1 2 2 2 1 3 5 2
18. 1 1 2 6 3 3
19. 6 3 3
20. 1 3 4 2 1 2
21. 1 4 3 2 6
22. 4 2 2 2 2
23. 7 7 1
24. 10 2 1
25. 12 2 2
26. 15 5
27. 19
28. 13
29. 6 6 9
30. 10 12

열(세로줄) 힌트 — 왼쪽에서 오른쪽으로 (위→아래 순):

																					1		2					
4	2																				3	6	1	3	3	1			
3	2			8	6	2	3	5			1			4					3	2	3	3	3	1					
1	1		9	1	1	1	1	1	9	8	3	3		1			5	2	1	3	2	3	3	1	1				
6	1	2	4	1	2	2	2	1	1	1	1	1	6	3	4		4	1	1	3	1	3	6	1	2	2	1		
3	1	2	1	3	1	1	1	1	1	2	2	2	3	1	2	5	2	1	2	4	1	1	1	6	4	1	1		
10	4	4	10	5	5	5	5	5	5	2	1	2	1	6	2	2	2	2	2	2	1	2	9	5	5	6	14		
2	2	2	2	2	2	1	1	1	1	4	5	5	4	4	4	5	6	1	1	1	2	2	2	2	2	2	2	2	

B48 늑대를 물리쳤어요

난이도

30×30

B49 옛날에 태권V 요즘엔 청소기

난이도

30×30

Row clues (top to bottom):

- 7
- 3 2 1 1 2 3
- 3 13 3
- 1 2 3 1
- 1 1 2 2 3 1
- 1 2 1 2 1 2 6
- 2 1 4 4 1 2
- 2 1 2 2 1 1
- 2 7 3
- 1 1 1 1 1 4
- 16
- 5 6
- 1 4
- 1 4 2 2
- 2 1 2 2 1
- 4 4 3 6 1
- 2 3 1 1 1 1 2
- 3 1 1 3 1 2 2
- 1 1 1 1 3 4
- 3 1 3 4 9
- 2 4 1 4
- 4 18
- 1 3 1 3
- 1 3 1 3
- 1 3 1 3
- 1 3 1 3
- 19
- 21
- 1 4 4
- 9 10

난이도

30×30

Row clues (top to bottom):
- 11
- 2 2
- 1 1
- 1 2
- 1 11
- 6 6
- 3 10
- 13 4
- 1 4 3
- 7 3 3 3
- 7 2 2 4
- 8 2 1 1 1 4
- 4 9 2 1
- 1 9 2
- 6 11
- 2 5 7
- 1 1 10 1
- 1 1 1 2 6 1
- 2 1 2 4 1
- 3 1 4 4 1
- 3 2 5 1
- 2 3 6
- 1 4 2 4
- 1 2 3 2 3
- 5 3
- 3 1
- 2
- 7
- 14
- 20

난이도

30×30

세로(열) 힌트 — 각 열의 위에서부터 아래로:

열	힌트
1	1
2	1
3	3 3 3 5
4	2 2 2
5	3 2 11 9 2 6
6	2 11 10 1 2 1
7	2 4 7 2 2 2
8	4 4 3 2 5 5 1
9	5 1 1 2 4 5 3 6
10	3 3 1 5 3 2 6
11	2 4 3 6 1 2 3
12	2 2 2 1 2 3
13	2 3 6 2 5 3
14	3 1 3 5 3
15	3 5 5 5 3
16	2 11 1 5 5 3
17	5 2 2 3 1 4 2 3
18	2 3 4 2 3 3 2
19	2 4 2 5 2 3
20	2 2 7
21	4 2 2 5
22	2 5 2 3
23	10 18 5 7
24	3 2 1 2
25	1 1 1 5 3
26	1 1 1 2
27	1 2 1 2
28	1 1 1 2
29	1 1 1
30	5 4 1

가로(행) 힌트 — 위에서부터 아래로:

행	힌트
1	12
2	17
3	3 3 3 3
4	3 2 2 2
5	6 3 3 5
6	1 5 2 9 3
7	1 6 4 4 1
8	1 6 1 1 1 8 1
9	1 4 8 7 1
10	1 4 8 5 2
11	1 15 5
12	3 2 3 2
13	2 3 2 8 1
14	1 7 8 3 1
15	1 1 4 7 1 2 1
16	1 1 6 6 1 1 3
17	1 1 3 1 1 3 1 1
18	3 1 1 3
19	2 2 2 2
20	2 1 1 1 1
21	1 2 2 1
22	1 1 5 6 1 1
23	21
24	7 8
25	4 5
26	2 2 1
27	4 2 1
28	1 11 2
29	4 9 5
30	6 5 6

난이도

30×30

세로 힌트 (열)

열	힌트
1	7 10
2	8 4
3	8 2
4	8 1
5	2 2 1 2 1
6	2 4 3 6 1
7	1 1 5 2 4 1
8	8 2 3 5 1
9	1 1 1 3 5 2 1 1 2
10	1 2 3 3 2 4 1 2
11	1 2 2 1 6 3
12	2 2 1 2 4
13	1 1 1 1 1 4
14	1 2 2 3 1 3 1
15	3 2
16	5 3 6 3
17	2 3 3 6 4
18	12 4
19	4 4
20	2 4 7 4
21	11 7
22	2 5 9 6
23	1 3 6 7 7
24	1 3 3 7 6
25	1 1 2 2 5 7
26	1 3 2 3 7
27	1 1 2 3 7
28	1 2 2 6 7
29	2 5 7
30	6 7

가로 힌트 (행)

행	힌트
1	6
2	8 2 2
3	3 2 1 1 1 1
4	2 2 3 1 2
5	2 7 1 6
6	1 14 1
7	1 16 2 2
8	5 4 6
9	8 5 6
10	1 2 2 1 2 1 1 1
11	1 1 2 1 2 1 2 2
12	1 1 1 1 1
13	2 6 1 2 1
14	1 2 1 2 2 1
15	2 3 7 1
16	3 10 2
17	10 2 6 1
18	4 5 3 8
19	4 5 4 6
20	4 10 6
21	5 2 1 4
22	7 4 3
23	7 1 4 2
24	7 4 4 1 7
25	7 2 4 10
26	1 1 3 3 10
27	2 2 10
28	2 2 10
29	3 2 10
30	9 10

난이도

30×30

Column clues (top header), read top-to-bottom by position:

```
                                1
              2   2               3   2                    2   1           3               2   2
              2   1   4   4   4   2   1               1   2   6           1   6   5   2   4   3
          5   2   5   5   2   3   1   1           1   4   1   2   1   2   2   1   8   2   5   3   7   5
      1   2   5   8   2   1   3   1   1   1   1   1   2   1   1   1   6   6   3   2   1   6   1   2   4   2
      5   4   4   7   1   5   4   1   5   2   1   5   2   3   2   1   5   1   1   1   2   1   2   3   1   1   2   2   3
      2   4   5   6   1   2   8   8   8   2   2   1   9   9   2   1   1   9   8  10   1   4   6   1   1   1   2   1   2   8
```

Row clues (left):

						5
					2	4
				2	9	5
				8	4	7
				3	4	2
				2	4	2
				3	3	2
				1	4	4
			1	7	5	3
	2	2	2	2	8	1
5	2	2	2	3	3	1
				9	2	3 7
					5	13
				3	3	10
				2	5	5
			2	3	1	4
		2	1	2	6	3
					11	2
				1	3	2
				2	3	1
				1	2	2
			1	9	1	1
			5	3	4	1
			7	3	6	1
	4	3	3	4	1	1
	4	3	3	4	2	1
	3	3	3	4	3	1
	3	3	3	4	3	2
		8	3	3	2	3
						22

B54 다리가 많아요

난이도

30×30

Column clues (top, read top→bottom per column):

					8																					3						
				8	4	4	2	1															2	2	5						
	12		12	12	12	2	2	6	4	5	2	2	1			1				1	1	1	2	2	2	11	11	11			
	2	12	1	1	1	2	1	1	4	1	4	3	1	1	1	3	1		1	1	1	1	2	2	2	3	4	3	1		
13	3	1	2	4	3	2	2	2	3	3	3	1	1	1	4	4	2	1	4	3	3	1	1	2	3	4	3	1			
5	2	6	2	2	4	2	2	1	2	3	1	1	2	2	1	3	4	2	3	1	5	3	2	4	3	1	2	12			
6	2	2	1	1	1	1	1	5	4	3	2	4	4	4	4	3	2	2	2	2	2	2	2	2	2	3	10				

Row clues (left side):

- 11 18
- 10 2 7
- 9 2 6
- 9 1 5
- 8 1 5
- 8 3 3 4
- 8 4 5 4
- 8 1 2 1 3 4
- 6 6 1 3 4
- 6 2 5
- 6 3 6
- 6 3 2 1
- 1 3 4 2
- 6 4
- 2 2 2 4
- 1 4 5
- 1 2 1 3
- 6 2 1 1 1 1
- 3 5 2 1 3
- 6 3 2 2
- 3 4 3 1
- 2 5 2 1 3 1
- 2 2 2 1 5 2 1
- 1 7 3 2 5 1
- 1 3 3 1 3 1
- 1 2 3 4 1 2
- 1 7 5 4 3
- 2 6 8 7
- 2 2 6 3
- 7

30×30

세로 힌트 (열)

			1														3				
		1	1			1		2	1							2	2		7		
		2	2			3		1	1		3				3	1	2		6	3	
		2	1	1	2	1	2	7	1	1	2	2		2	2	2	3	4	11	5	
		3	3	2	2	3	1	2	5	1	1	3	2	3	1	2	3	3	1	1	2
	3	3	2	4	2	2	1	2	6	1	1	1	1	1	2	3	1	4	3	1	1	1	3	6	2	2	5
3	2	1	4	2	5	5	4	2	3	3	3	5	1	2	3	2	2	2	3	2	3	1	1	2	5	1	2	2	5	5
18	10	10	2	3	5	7	7	2	2	2	1	2	9	8	3	2	2	2	3	1	3	1	1	3	1	1	2	6	2

가로 힌트 (행)

		10 2 2		
		3 2 2 9		
		4 2 1 9		
1 3	1	1 3 3		
2 2 1	1	2 2 2		
	4 1	2 1 2 3		
	1 2	2 2 1 2		
	1	1 2 2 6		
		3 4 2		
		6 1 1 4		
	4 2	4 1 4		
	4 1	1 1 1 4		
	3 2	3 5 1 2		
		3 7 6 5		
3 3 5	1	2 2 5		
		3 6 1 7		
	4 3	4 2 6		
		5 4 2 6		
		1 8 2		
		2 5		
		2 4 2 2		
	1 5	4 2 2		
	2 7	3 2 2		
		6 7 1 1		
	3 5	2 1 1		
		3 3 4 2		
		4 2 2 2		
		7 4 7		
2 2 2	7	1 1		
2 2 2	2	2 3 3		

B 56 불을 꺼 주세요

30×30

Row clues (top to bottom):

- 4 6 8 1 4
- 3 3 3 7 5
- 3 1 4 6 6
- 2 2 6 6 6
- 1 10 1 6 2 3
- 1 8 1 1 6 4
- 1 1 2 1 3
- 2 2 1 3 2
- 2 5 3 4
- 3 1 1 3 2 4
- 2 3 1 1 2 2 4
- 2 3 1 1 6 4
- 1 1 17
- 1 1 6 6
- 1 1 7 1 6
- 1 15 1 5
- 2 1 1 3 1 1 6
- 1 1 1 1 1 2 1 3 2
- 2 1 1 2 4 1 4
- 10 1 1 2
- 4 1 1 2
- 16 3
- 5 3 2 3
- 4 2 2 1 3
- 3 1 1 1 2
- 8 6
- 1 1 1 1
- 8 7
- 8 8
- 8 7

B57 몸이 고무줄인가요?

난이도

30×30

Column clues (top):

| | 7 | 2 3 | 1 2 | 1 2 | 2 2 | 4 1 1 | 1 1 | 1 2 | 1 1 | 12 1 | 13 2 | 4 11 | 3 2 11 1 | 2 1 11 1 | 3 4 9 2 1 | 2 3 7 1 1 | 3 4 2 2 2 1 | 4 2 1 3 2 | 2 2 3 3 | 2 6 2 2 1 | 2 1 3 1 1 | 2 1 4 1 1 | 2 2 3 1 3 | 1 3 2 7 4 | 3 2 1 2 1 4 | 2 1 5 | 24 | 5 |

Row clues (left):

	3 3
	2 6
	1 2 2
	2 2 2
	2 1 3
1	2 2 2
2 1	2 2 2
1 2	1 3 1
4	1 2 1
3 1	1 5 1
2	2 7 3
6	6 2 1
7 2	3 2 1
	10 1 1
	9 2 1
	8 2 1
	7 4
	7 1 1
	8 1 1
	9 1 1
6	2 2 1
9	3 1 1
	4 3 1
	2 1
	1 3 1
1	4 6 3
	1 4 14
	2 1 12
	5 1 10
	30

B58 A-Yo!

난이도

30×30

Column clues (top), read as rows:

```
                                    1
                              1  1  1
        1  6  4        1      2  2  2  1  1  1  1              2
     9  5  2  2  3  1  4  3      1  5  1  3  1  1  1  2  1        4  4  6                 7
  4  2  1  3  3  3  1  3  2  1  1  2  1  1  3  4  1  1  3  8
  2  6  1  1  1  1  4  1  2  6  1  1  1  1  1  1  2  2  3  3  4  4  6  1  1  8  2 12  5
  9  4  2  2  4  2  3  4  5  1  3  3  3  1  2  3  3  4  2  3 12  2  2  6  1  7  1  2 15
 13  2  3  3  3  2  1  3  4  5 10  4  4  3  3  2  2  5  3  2  1  1  1  1  2  6  2  1  3 14
```

Row clues (left):

```
                  8   8   8
          3   3   3   3   8
          6   1   1   3   3
              6   2   2   7
          1   3   1  10   6
              5   5   3   6
              4   2   7   5
  3   2   5   1   1   1   3   1
          3   3  10   1   1   4
          2   7   1   4   1   4
              2   5   1   3
          1   2   1   2   3
              1   4   2   2
          2   1   2   4   1
              4   5  10   1
      2   2   2   3   2   3
      1   4   6   1   2   2
          3   3   1   5   1
          2   4   4   4   1
  1   2   1   5   2   1   1
  1   1   1   8   1   1   1
  1   2   5   2   2   1   1
  1   1   5   1   1   3   1
  1   1   4   1   2   3   1
  1   3   3   1   1   2   1
          4   2   1   1   1
          5   1   1   2   1   1
  1   1   2   2   2   1   2
  1   2   2   3   2   2   2
          1   4   3   6   3
```

B59 자고 일어나면 몸을 쭉 펴요

난이도

30×30

가로 열쇠 (행 단서)

행	단서
1	5
2	2 1 1
3	1 1 1 4
4	1 1 6
5	7 6 1 1 1
6	1 1 10 1 2 1
7	1 2 12 1 1 1
8	2 1 3 8 3 2
9	1 4 6 2 4
10	2 4 7 2
11	1 5 3 5 2
12	2 2 1 4 2
13	1 1 4 4 2
14	5 2 2 3 6
15	5 2 4 6
16	6 11 7
17	6 1 1 2 1 2 4
18	6 2 2 2 1 5
19	7 2 3 2 1 4
20	7 8 2 3
21	7 1 1 1
22	7 1 1 2
23	7 1 1 2
24	7 1 1 2
25	7 1 2 2
26	15 1 2
27	4 13 2
28	12
29	8
30	4

세로 열쇠 (열 단서)

열						
1					4	14
2				4	3	14
3				1	3	14
4				1	1	16
5			2	3	1	13
6				1	3	11
7				5	4	8
8					4	1
9				8	3	1
10			6	3	2	1
11		3	1	2	2	2
12		3	3	3	1	2
13	4	1	3	2	1	10
14	4	1	2	1	2	2
15		5	1	1	3	2
16			1	3	1	1
17			6	3	1	2
18				11	2	2
19					14	2
20				6	9	2
21				2	6	2
22				2	3	5
23				2	2	3
24			5	3	3	2
25		2	2	4	1	2
26	2	2	1	6	2	2
27		4	4	4	1	4
28	2	4	4	2	2	6
29			5	4	5	2
30					5	1

B60 2월에 받는 꽃다발

30×30 네모로직 (Nonogram)

세로 힌트 (열)

	1		1								2					
	1	2	1	1	1	1	2	1		2		2	2	2	14	13
	2			1	2	3	1	1	2	2	1	1	1	2	3	3	1	2	3	2
	2	3		2	3	1	1	5	3	2	3	1	4	3	4	7	11	3	2	2	2	1	1	2	1	2	1
	2	2	2	9	2	7	10	13	2	2	2	1	2	1	2	2	2	2	8	2	1	2	1	3	2	2	2	1	2
2	5	1	4	2	1	2	1	2	1	5	3	1	1	3	4	3	2	5	4	2	3	1	2	2	5	2	1	5	3
7	1	2	3	5	4	3	4	6	2	1	2	4	4	6	3	4	5	1	1	1	4	1	1	3	2	2	3	2	4

가로 힌트 (행)

행	힌트
1	6 2
2	4 4 2
3	5 4 2
4	4 6 3 2
5	1 5 5 2
6	1 1 1 2
7	1 2 3 2
8	1 6 5 2
9	2 13 2
10	2 7 5 2
11	2 4 3 2
12	3 2 2 2 2
13	9 2 3 10
14	9 1 9
15	3 3 2
16	4 2 3 3 3
17	5 3 3 3 1
18	7 3 1 1 1
19	3 6 2 3 1
20	3 1 1 3 1 3 3
21	3 2 2 2 3 1 2
22	2 4 5 2 2
23	5 4 1 1 1 5
24	8 2 1 2 3 2
25	2 6 4 1 4 1 1
26	2 7 1 2 2 2
27	4 3 1 2 3 3
28	1 1 1 4 1 2 1
29	1 2 1 4 1 4
30	3 1 13

B61 토끼가 들고 다니는 시계에요

난이도

30×30

Column clues (left to right, top to bottom):

1. 12 3
2. 1 2 1 1 4 1 1
3. 14 3 3
4. 1 6 4 1 1 1
5. 4 11 1 6
6. 4 14 3 3
7. 4 4 6 3
8. 1 2 4 2 4
9. 8 2 2 2 3 3
10. 7 2 2 3 5
11. 1 3 2 9
12. 1 4 2 2 4 3
13. 5 2 1 2 3 3
14. 4 2 2 3 3
15. 3 2 2 2
16. 3 2 2 2 2
17. 3 2 2 2 2 2
18. 5 1 2 2
19. 3 2 2 2
20. 3 2 2 2 3 3
21. 4 2 2 4 3
22. 6 7 3
23. 12 2 2
24. 7 2 3
25. 2 3
26. 2 2
27. 2 3
28. 2 3
29. 6
30. 3

Row clues (top to bottom):

1. 4
2. 2 5
3. 5 2
4. 6 6
5. 2 11
6. 1 14
7. 10 5
8. 1 4 2 2 4
9. 3 4 2 2 3
10. 1 1 3 2 2
11. 3 2 3 5
12. 6 2 2 5
13. 1 4 2 3 2 2
14. 6 2 3 2 2
15. 1 4 1 2 2
16. 1 5 3
17. 7 2 2 3
18. 1 1 3 2 2 2
19. 1 1 4 2 2 3
20. 4 4 2 2 3
21. 1 1 5 8
22. 1 1 22
23. 5 9 4
24. 1 1 4 2
25. 5 3 3
26. 1 1 3 3
27. 3 3 6
28. 6 6 8
29. 1 1 2 16
30. 5 11

난이도

30×30

B63 사이 좋은 둘

30×30

세로 힌트 (열)

1							1		1													4			
							2		1	1												4			
							1		1	1	1														
					1	1		1	3	2							3								
			2		3	1	1	1	1	1	2														
		3	1	2	2	1	2	1	3	2	2			6	7	3	7	7	8	9	1	9	10		
		2	2	1	5	1	1	2	1	1	2			1	3	1	2	3	1	1	2	2	1	6	
		2	2	2	1	2	1	2	1	3	2	3		6	3	1	1	1	2	1	2	2	2	3	1
	4	1	1	1	2	2	3	2	2	1	1	2	1	3	2	3	2	2	5	2	6	2	1	2	9
1	8	2	2	3	1	1	1	1	1	1	2	2	7	6	17	2	6	1	3	3	1	2	1	2	1
9	1	7	2	3	12	2	2	7	2	2	7	3	3	3	2	7	3	3	1	1	1	1	1	5	1

가로 힌트 (행)

			13	3	11
			5	2	13
4	1	1	1	2	14
	3	6	2	3	9
	2	4	2	8	4
			2	1	13
2	1	3	1	10	1
		2	1	1	7
1	2	1	1	2	6
1	1	1	1	6	3
3 2	2	4	1	5	1
		2	6	4	3
2	2	1	2	2	2
		9	3	3	1
	1	1	4	3	1
		8	4	1	1
2 1	2	1	5	2	2
	2	3	3	5	7
	1	1	9	4	1
1	1	1	3	4	3
4	3	3	2	2	5
1	3	3	1	2	7
	1	2	1	1	6
		12	2	1	3
		11	1	1	1
	1	1	1	4	2
		7	1	1	1
	2	1	4	2	5
	13	1	1		2
				13	10

난이도

30×30

Column clues (top):

																							2		1					
																							2		2	1	1			
																	2					2	1	2	2	4	1	1	
	20	2							3	5	4	1	2		1		8	2	4	2	1	1	2	2	2	
2	1	2	2	3	2	3		4	3	2	3	2	4	2	2	4	2	3	2	1	1	1	2	3	
5	3	4	7	7	3	2	2	2	3	3	3	2	1	1	1	3	2	2	2	2	2	2	1	4	8
3	3	3	1	1	1	2	3	6	6	6	6	6	6	6	6	6	6	6	9	6	2	2	6	3	3	1	1	1	3	19

Row clues (left):

				3	8
			5	2	2
	1	4	1	1	
	1	4	9	1	
		1	4	13	
1	3	1	1	1	3
1	3	1	1	1	2
	1	3	1	1	1
	1	3	2	3	2
		1	2	1	2
		1	4	7	
	1	3	2	2	2
	1	1	1	2	1
1	1	2	2	1	1
	1	2	6	2	1
	1	4	5	1	
	1	4	2	1	
	1	1	2	2	1
	1	2	2	2	1
	2	2	2	2	1
	1	2	5	2	1
		2	2	6	1
	1	3	2	1	1
		5	2	1	1
		5	12	1	1
			6	16	1
			4	16	1
	3	2	12	7	
		3	13	2	
			18	2	

B65 단단한 코는 무시무시해요

난이도

30×30

Column clues (top to bottom, columns 1–30):

Col	Clues
1	6 6 3
2	6 2 2 2 1 2
3	6 2 2 3 2 4
4	6 7 2 3 2 2
5	6 4 6 1 2 1
6	9 2 2 1 2 1
7	8 2 2 2 1
8	6 1 8 1
9	4 1 1 3 2 2 1
10	3 1 2 1
11	2 2 1 2 2
12	1 1 2 3 2
13	1 2 3 3 3
14	1 2 3 1 3
15	1 6 3 3
16	1 4 4 8
17	2 10 4
18	2 9 2
19	2 2 1
20	2 1 1
21	3 1 3 2
22	4 9
23	4 5 5
24	4 4 5
25	5 6 5
26	6 8
27	7 11
28	8 4 9
29	6 3 10
30	6 12

Row clues (left to right, rows 1–30):

Row	Clues
1	30
2	11 14
3	10 10
4	9 9
5	8 6
6	8 5
7	2 2 2
8	2 4 4 2
9	6 3 2 1
10	1 3 3 3 2
11	1 2 4 1
12	2 2 4 1
13	4 2 1 1 1
14	3 1 1 2 1 1
15	3 2 4 2 1 1
16	2 4 2 1 1
17	1 3 1 1 2
18	4 2 3 1 1 2
19	7 4 2 3 4
20	2 3 2 2 2 5
21	1 2 2 8
22	7 3 8
23	4 2 4 8
24	1 2 3 2 5
25	4 2 4 3 5
26	7 1 1 1 3 4
27	1 3 3 2 2 2 3
28	2 2 2 2 2
29	2 3 3 3
30	6 6

B 66 높이 올라가면 무서워요

난이도

30×30

Column clues (top → bottom):

1	2	3	4	5	6	7	8	9	10	11	12	13	14	15	16	17	18	19	20	21	22	23	24	25	26	27	28	29	30
					2																								
				2	4											2													
			2	4	1						2	2	2	3	2					2									
		2	4	2	1					3	2	2	2	7	2	1				1					1				
		4	2	3	1	2		12		3	2	1	2	3	2	1	1	2	1						2	1			
2	2	2	4	2	6	14	2	7	1	1	1	3	1	1	1	5	1	8	3	5					11	7	2		
3	3	2	4	4	1	1	3	4	4	4	3	2	1	2	7	3	3	4	3	10	4	3	1	3	3	2	1	4	
3	3	3	3	5	2	3	2	2	12	2	2	7	7	6	8	4	5	4	4	1	1	2	3	6	1	2	2	4	9

Row clues (top → bottom):

#	Clue
1	10 2 11 4
2	10 2 8 4
3	3 2 1 2
4	4 7 2 2
5	1 15 2 1
6	14 2 2 1
7	12 1 2 1
8	4 3 1 2 2 1
9	3 1 3 2 1
10	2 2 1 2
11	3 2 3
12	9 4
13	4 1 3 2 1
14	2 2 1 2 3 1 1
15	2 3 3 3
16	2 1 2 2
17	1 2 2 3 3
18	7 1 4
19	2 1 1 2
20	2 2 1 2 3
21	5 7 2 1
22	1 1 13 1
23	1 17 1
24	9 6 1
25	10 2 1 2
26	16 3
27	2 1 9 2
28	9 6 1
29	6 3 2
30	3

B67 옛날엔 손전등 대신 썼어요

30×30

열 힌트 (위쪽):

```
                                       6     1
                                 9  7 13 11 11
             1  1                 2  2  2  1  1  1  1
             5  4  3  2        3  2  5  2  2  2  3  1 14          8          12
       1     5  3  2  1  3  2  1  5  6  4  3  3  8  1  1  1  1  3  2 14 14  5 14 14  2 15  4
    4  6 10  2  4  4  2  1  1  1  2  1  3  5  9  1  1  1  1  1  1  1  2  2 14 15  2  2  3  1 10
   10  3  2  2  1  2  1  1  1  3  2  3  7  2  3  4  3  1  1  2  3  7  4  3  1  1  1  1  2  8
```

행 힌트 (왼쪽):

- 8 16 3
- 1 4 10 10
- 5 5 14
- 4 3 15
- 3 2 15
- 3 1 1 16
- 3 1 2 12
- 3 3 1 15
- 1 1 3 1 8 5
- 1 2 1 3 3 13
- 1 1 1 3 1 13
- 1 2 1 2 3 9
- 1 1 1 1 10 2
- 1 5 3 9
- 2 2 2 3 4
- 1 2 2
- 2 2 10
- 2 11 3
- 3 7 2
- 5 4 1 2
- 3 2 2
- 1 1 5 2
- 1 4 1 3
- 1 3 1 1
- 6 1 1
- 2 2 1
- 6 2 1
- 2 4 1
- 8 2
- 11

난이도

30×30

Column clues (top):

																						3	2						
		4	4					3								2	1	1	1										
		1	1	4	4	4	4	1	3	3					1	1	1	1	1	1	2								
	4	1	2	1	1	1	2	2	2	2	3			2	1	1	1	2	3	2	1	3							
4	4	1	1	2	1	1	2	5	1	2	2	3	3	6	2	2	1	2	1	4	3	1			3				
2	2	3	4	7	6	6	6	1	7	6	3	6	4	2	3	3	1	1	2	4	2	3	8	2	2	1	4		
4	2	2	2	1	2	1	1	2	1	1	3	2	1	2	1	1	2	6	1	1	1	2	2	1	4	4			
4	4	4	4	4	4	4	3	2	1	1	1	2	3	3	1	5	2	1	1	2	2	1	2	3	7	9	10	6	16

Row clues (left):

30
21 6
17 1 1 2
8 1 1
3 1 7
5 3 4
3 2 7 2 1
7 2 1 5 2
2 3 3 6 1
2 3 2 1 7
4 5 1 1 4
6 2 1 4
4 5
3 4
4 1 7
2 2 5 4
1 6 2 5
1 7 4 3
1 8 2 1 2
1 7 2 1 2
2 7 1 1 1
2 5 1 1 1
3 2 1 1 1
9 4 1 1
3 8 1 1
1 2 1 2 1
7 1 1 1 1
8 9 2 1
9 3 8 1
11 2 2 1

난이도

30×30

Row clues (top to bottom):
- 7
- 3 2 5
- 4 2 2 3
- 2 2 7 3
- 1 5 6
- 3 2 3
- 6 1
- 6 1 1 1
- 1 1 6
- 1 5 5
- 7 3
- 4 3 5 3
- 2 3 2 7
- 1 9 2 3
- 1 5 2 2 3
- 1 4 5 1 4 1
- 1 3 5 3 4 3
- 4 3 2 1 2 5
- 3 3 3 2 2
- 3 3 3 3
- 2 3 3 4
- 2 2 2 6
- 3 3 2 2 4
- 1 1 4 2 3 4
- 7 6 2 5
- 5 4 2 5
- 5 2 2 1 1
- 7 2 4
- 1 2 2 5 2
- 2 2 3

난이도

30×30

Column clues (top):

		4																		1	1	1			4					
	2							6			3	4	2	3	2	1	3	1	3	2	2	5	3		3					
	1		4	1		2	3	2		3	1	3	3	2	2	1	2	1	2	3	1	1		1	2	2				
3	2	3	3	3	1	13	10	3	5	4	1	1	3	6	2	1	3	4	2	5	2	1	1	2	10					
6	2	3	7	5	9	5	4	9	2	4	2	2	2	1	2	3	2	1	1	1	2	6	2	3	2	18				
13	13	4	2	2	1	13	1	2	2	4	3	3	2	2	2	2	1	2	2	2	2	3	3	4	2	2	14			

Row clues (left):

- 2 3
- 6 4 4
- 4 4 2 6 2
- 7 7 2 1 2
- 2 4 4 2
- 1 8 1
- 1 2 6 4 5
- 1 2 4 3 3 2
- 2 2 2 2 3 2
- 4 2 3 1
- 2 2 1 1 1
- 1 3 9 1
- 4 4 4 2 3
- 3 3 4 2 8
- 3 3 2 4 1 4
- 2 3 2 2 2 2 3
- 2 3 1 1 1 1 3 3
- 2 3 2 2 2 1 3
- 2 3 1 2 2 1 4
- 2 3 1 2 2 6
- 2 3 1 4 6
- 3 3 1 3 2 3
- 3 4 5 2
- 4 4 2
- 5 3 2
- 6 3
- 2 2
- 4 4 3
- 10 9
- 10 8

B71 독자님들을 향한 저희의 마음이에요

난이도

30×30

Row clues (left):

				30
			6	18
			2	17
		8	6	5
	4	3	2	3
		2	9	2
		4	3	1
	1	1	2	2
6	1	1	1	2
	7	1	1	2
1	4	2	1	5
	4	1	2	7
		3	6	4
			3	5
			1	4
			1	3
			2	2
			3	2
			3	2
			3	2
			2	2
			2	7
			3	5
		7	1	3
			9	4
			13	1
				20
				24
				27
				29

Column clues (top), read top to bottom for each of the 30 columns:

Col					
1				3	7
2			3	1	7
3		2	2	4	7
4		2	2	6	7
5		1	1	2	7
6		1	1	1	7
7		1	1	2	7
8		1	1	1	6
9	1	1	2	2	8
10	1	2	2	1	5
11	1	2	4	1	5
12		3	2	1	5
13		2	2	2	9
14	3	2	2	3	4
15		4	7	1	4
16		5	2	1	4
17			7	2	5
18	4	4	1	1	4
19	1	1	1	1	4
20	4	3	1	1	3
21	3	2	1	2	3
22	3	3	1	2	3
23	3	3	1	2	3
24	3	1	2	2	2
25			4	7	2
26			4	5	2
27			5	2	1
28				2	1
29				6	1
30				7	1

난이도

30×30

세로(열) 힌트 — 위에서 아래로:

열	힌트
1	1 4 1 6
2	2 10 3 1
3	2 2 3 6
4	2 3 6
5	3 3 2 3
6	3 1 2 4 6
7	2 2 6 4 1
8	2 2 2 6 6
9	2 2 1 4 6
10	2 2 2 1 1 4
11	1 2 3 1 5
12	3 2 2 6
13	1 1 3 2 6
14	1 4 2 3 7 2 2
15	2 1 2 1
16	2 3 4 4
17	1 2 4 2 5
18	1 3 2 7
19	2 2 4 1
20	1 2 5 1
21	1 1 2 3
22	2 2 2 2
23	2 4 2 2
24	3 3 2 3
25	3 2 4
26	4 5 2 5
27	6 5 2 4 1
28	8 9 6
29	9 2 6
30	10 2 2 3

가로(행) 힌트 — 왼쪽에서 오른쪽으로:

행	힌트
1	3 23
2	1 2 2 5 9
3	2 4 5 7
4	3 2 4 5
5	2 2 3 4
6	1 1 4
7	3 3 3
8	2 2 3
9	1 1 2
10	1 2 1
11	4 2 1 1
12	3 2 1 1
13	4 2 2
14	1 1 2 3
15	3 5 4
16	5 6 4
17	3 2 1 1 2 2 1
18	3 1 1 2 3 1
19	5 1 2 3 1
20	4 2 2 2 1
21	2 2 2 2 1
22	4 1 2 2
23	4 2
24	4 2
25	1 13 4 2 4
26	9 4 4 2 5
27	4 8 4 2 5
28	13 4 2 7
29	1 4 7 3 1 4 3
30	10 4 4 8

난이도

30×30

Row clues (top to bottom):

- 8
- 3 6 11
- 13 12
- 3 17 3
- 2 15 2
- 1 6 6 1 3
- 4 5 1 3
- 3 1 5 1 1 1
- 1 1 1 3 1 2
- 1 2 2 2 6
- 1 5 2 1 1
- 1 1 2 6 1
- 1 2 9 1 2
- 1 3 1 2 1 2
- 3 2 1 2 5
- 2 3 4 2
- 2 5 1
- 1 2 2
- 2 4 1
- 1 5 2
- 1 5 4
- 2 5 4
- 2 5 4
- 2 5 4
- 2 5 4
- 17 2
- 3 1 2 1
- 3 1 7
- 9 5 3 1
- 9 2 9

Column clues (left to right, top to bottom):

												4	4					7			4		3 2 3	3					
							5				2	1								2	4	2 1 2	2					
				2	1			5	1	4	1	1		8	10	7 2			4	1	1	1 1	3	9				
	5	3	2	4	6	9	6	1	2	3	1	1			1	1 1		1	1	5	4	2 2	2	4				
3	3	7	2	4	2	2	2	1	2	1	1	1	7	1	1	2 8	5	1	1	8	6	6 1 4	1	4				
4	2	2	2	2	2	3	2	9	8	7	6	1	5	1	1	1 5	3	8	1	1	1	1 1 2	1	2				
2	2	2	2	2	2	2	5	11	2	1	1	1	2	1	2	2 1	1	1	5	1	1	1 1 1	1	1	1	1		

35×35

Row clues (left):

				7	4	2		
				9	6	3		
		4	2	6	2	1		
		3	3	7	2	1		
3	1	2	6	3	3	2	1	
2	1	1	3	5	1	3	2	
		3	2	2	3	1		
	3	2	1	2	3	4		
		5	2	3	2	2		
		7	6	2	2			
		8	1	2	2			
	1	6	2	3	2			
	2	4	5	1	3			
	1	4	4	2	1			
	1	1	1	4	2			
	1	2	1	5	1			
1	1	1	1	5	1			
	1	1	1	6	2			
		1	4	12				
	2	2	3	12				
		4	12					
			10					
		4	1					
		15	15					
		1	1					
		14	15					
		13	15					
	6	7	2	13				
	14	11	5					
		14	17					
		2	2					
		15	16					
	12	2	6	9				
1	6	6	13	2				
		15	2	13				

난이도

35×35

Row clues (top to bottom):

- 9 3
- 11 3
- 9 2 8
- 8 1 1 9
- 8 1 2 1
- 4 2 1 11
- 4 1 1 1 12
- 4 2 3
- 4 1 6 4
- 1 2 3 4 2
- 4 1 3 2 2
- 8 6 4 2
- 10 3 3 3
- 8 6 3 4
- 1 5 3 3 2 2 1
- 2 5 1 2 4
- 2 5 19
- 1 5 19
- 2 5 1
- 1 5 3 3
- 2 6 6 1
- 1 2 5 2 1 1
- 2 1 5 2 3
- 1 1 4 2 2 2 2
- 5 1 23
- 1 1 2 2 2 2 2
- 1 1 1 17 1 1
- 3 1 1 1 7
- 1 17 2 3 1
- 1 1 1 1 1 1 1 1 2 1 1
- 1 16 9
- 2 1 2 1 1 1 1 2 1
- 1 14 1
- 1 1 1 1 1 1 1 1 1
- 1 13 1

C76 긴 끈을 돌려요

35×35 네모로직 (Nonogram)

세로 힌트 (열):

| 20 | 18 3 5 1 | 1 | 3 6 | 2 | 3 | 15 2 1 2 | 6 3 | 9 4 | 1 | 2 1 1 1 1 5 2 | 3 1 9 2 2 7 | 4 1 1 2 2 4 | 7 1 4 1 2 2 1 8 3 | 4 2 2 1 3 5 3 | 1 3 4 5 | 2 4 4 | 4 2 4 3 | 2 2 6 2 | 1 1 | 1 7 3 2 1 | 3 5 3 2 2 | 2 5 5 | 3 5 8 3 | 4 3 4 5 | 2 2 3 5 2 | 3 2 2 1 2 2 | 2 2 2 1 2 3 | 2 2 2 2 2 2 | 2 2 3 2 2 3 | 2 2 3 3 3 | 3 7 7 3 | 5 5 3 |

가로 힌트 (행):

| 2 |
| 1 1 |
| 2 1 3 |
| 1 1 5 4 |
| 2 1 7 2 1 |
| 3 2 2 3 1 4 7 |
| 3 1 1 2 1 1 2 10 |
| 4 2 1 2 2 1 5 3 |
| 4 1 2 2 1 1 4 2 |
| 1 3 6 3 2 6 2 |
| 6 2 3 2 3 2 3 |
| 6 3 2 2 3 2 4 |
| 9 2 3 3 4 |
| 7 2 3 3 |
| 7 1 3 5 |
| 4 3 1 3 8 |
| 8 2 2 5 3 |
| 9 2 2 3 2 |
| 9 2 2 3 2 |
| 9 4 2 2 2 |
| 10 1 2 5 3 |
| 7 5 2 4 5 |
| 9 2 2 10 |
| 10 3 2 4 |
| 11 5 2 2 |
| 5 5 6 2 2 |
| 11 7 3 3 |
| 11 9 3 5 |
| 1 10 1 3 1 7 |
| 7 1 1 4 5 |
| 1 1 4 3 |
| 4 3 |
| 1 2 |
| 4 |
| 4 |

C77 달콤한 것을 먹고 있어요

난이도

35×35 네모로직 (Nonogram) 퍼즐

가로 열쇠 (행 단서, 위에서 아래로)

1. 1 1 1 10
2. 1 1 1 14
3. 1 2 10 5 4
4. 1 1 10 6 3
5. 1 1 8 3 3 3
6. 1 1 6 2 8
7. 1 1 6 4 6 1
8. 1 1 5 4 2 3 8
9. 1 2 6 1 2 1 2 4 1 1
10. 1 1 6 2 4 1 1
11. 3 2 4 6 4 1 1 2
12. 2 2 5 1 1 5 1 5
13. 4 4 11 1 1
14. 1 3 2 2 1 1
15. 2 5 2 1 1 1 2
16. 2 2 3 3 3 1 5
17. 3 3 3 1 1 2 1 1
18. 1 1 1 1 3 1 2 1 1
19. 1 7 2 2 3 1 2
20. 1 6 6 3 5
21. 2 5 1 2 3 1
22. 1 5 1 5 1 2 1
23. 1 5 6 2 1 2 1 2
24. 1 1 1 2 1 1 2 5
25. 4 1 1 2 1 1 3
26. 2 7 1 1
27. 4 8 2 2 1 3
28. 2 2 4 9 2 1
29. 1 2 16 4 1
30. 1 17 1 3 1
31. 1 18 2 1
32. 2 16 3 2
33. 2 8 8 1
34. 2 6 5 2
35. 6 4

세로 열쇠 (열 단서, 위에서 아래로)

1. 3 3 14 1 5
2. 4 1 4 5 2 2
3. 3 3 3 2 1 1 2
4. 4 2 7 1 2
5. 3 3 5 2 1
6. 4 5 2 1
7. 9 5 2 1
8. 13 8 2 2
9. 11 3 2 2
10. 1 7 6
11. 6 3 12 2 8
12. 6 2 1 3 8
13. 5 2 2 1 8
14. 3 1 2 1 7
15. 5 2 5
16. 4 4
17. 4 4
18. 4 4
19. 4 5
20. 5 3 2 2 5
21. 4 4 3 5 1 2 6
22. 3 2 1 1 2 1 6
23. 2 2 2 1 3 1 3
24. 1 1 5 1 3 1
25. 5 1 2 2 3 2
26. 3 3 4 2 3
27. 5 5 4 12 1 7
28. 2 2 27
29. 2
30. 10 6 2 1
31. 4 4 1
32. 3 1 4 2 1 2
33. 2 1 1 1 1 3 1 2 2 1
34. 1 1 1 2 18 1 1 3
35. 1 1 1 1 2 2 2 1 2 5

난이도

35×35 네모로직 (노노그램)

세로 힌트 (열):

열	힌트
1	6 5
2	9 5
3	11 5
4	5 5
5	5 5
6	4 2 5
7	5 2 5
8	5 1 4
9	6 1 4
10	5 4 4
11	1 4 4
12	6 3 4
13	6 9 4
14	5 4 4
15	4 2 4
16	2 2 1 3 2
17	2 1 2 7
18	1 2 2 4
19	2 1 3 2 3 1
20	1 4 2 1 3 1
21	2 1 3 1 1 1
22	1 2 1 3 2 1 1 1
23	2 1 1 1 5 1 3
24	1 1 2 2 1 3
25	1 2 2 5 2 8 4
26	4 6 1 3 6
27	1 6 4 1 3 3 2
28	18 3 4 2
29	2 2 8 4 5
30	3 5 4 2 5
31	3 2 8 2 5 7
32	21 5
33	16 3
34	10 1 1
35	8 1

가로 힌트 (행):

행	힌트
1	6
2	3 5
3	4 2 3 3
4	9 2 2 4
5	12 2 2 1
6	13 1 1 2
7	14 1 2
8	7 6 1 2
9	4 4 1 1
10	1 12 1
11	4 6 1
12	4 4 7 3
13	2 2 1 4 7 4
14	1 1 3 11
15	5 1 11
16	3 3 1 3 4
17	3 2 3 4
18	2 1 1 3 4
19	3 2 2 4 5
20	3 2 6 5
21	3 2 2 3 5
22	4 2 3 1 4
23	5 8 1 4
24	17 7 4
25	11 2 3 1 3
26	9 1 2 2 3
27	5 3 4 2 3
28	2 8 2
29	2 1 6 2
30	2 5 6 1
31	7 1 1 1 6
32	15 5 2 5
33	15 1 1 5
34	14 4 2 5
35	14 1 1 5

C79 찰칵!

35×35

Row clues (top to bottom):

- 12
- 15
- 17
- 4 12
- 5 11
- 4 7
- 4 5
- 3 7 3
- 2 6 2 6 3
- 2 6 5 3
- 1 4 8 2 3
- 1 16 4 2
- 3 3 6 2
- 2 5 4 7 2
- 1 2 1 2 2 4 2 5
- 1 1 2 5 2 4 3 2
- 2 4 5 2 5 2 2
- 1 2 1 8 6 2 1
- 2 2 6 4 1 1 2
- 2 4 4 8 1 1
- 2 1 3 4 1 1
- 1 1 9 1 1
- 2 1 1 7 2 1
- 3 1 1 2 2 3 1
- 1 1 3 1 7 2 2 1
- 2 5 1 3 1 2 2 1 1
- 1 1 9 4 3
- 2 1 10 1 2
- 1 1 10 1 2
- 1 2 1 6 2 1
- 1 1 1 2 1 1
- 1 2 3 1 1 1
- 1 1 12 2 2
- 2 2 13 2 3
- 8 1 10 8

난이도

35×35

Row clues (left side):
- 8
- 2 7
- 8 5
- 12 5
- 8 4 4
- 8 5 4
- 5 4 3
- 3 3 7
- 2 3 1
- 5 4 2 3
- 3 3 1 2 2 1
- 3 2 1 1 1
- 1 1 1 1 1
- 1 2 4 1
- 1 5 7
- 1 1 1 3 2
- 2 7 2
- 2 3 1 2
- 2 2 2
- 3 2 4
- 2 2 6
- 6 2 8
- 4 4 9
- 1 3 2 5 2
- 8 2 3 1 4 1
- 6 1 1 3 1 2 5 1
- 7 1 1 5 7 1
- 7 2 1 3 6 1
- 7 2 4 6 1
- 8 2 4 7 1
- 8 2 4 6 1
- 8 1 5 7 1
- 9 1 13 2
- 9 2 11 1
- 10 1 11 1

Column clues (top):
11, 11, 11, 11, 11, 11, 1 9, 1 6, 3 3, 4 1, 3, 7 6, 4 2, 2 2, 1 5, 2 14, 6 8 1 1 14, 5 5 1 1 14, 4 5 4 1 3 4, 4 3 2 1 1 1 3, 1 1 3 1 1 4, 1 2 1 1 2 3 1 3, 2 1 2 3 1 4 2 2, 3 2 3 3 2 4 2 1, 2 4 2 3 4 2 2 2, 1 1 2 4 2 2, 2 2 4 6 2 2, 3 4 6 4 9, 4 5 2 3 2 7, 5 2 6 2 1, 5 2 3 2 1 2, 3 2 3, 4, 4, 3 3, 11

난이도

35×35

C82 천천히 물을 따라 볼까요?

35×35

Row clues (top to bottom):

- 8
- 12
- 14
- 14
- 4 4 5
- 4 3 4
- 3 3
- 7 7
- 2 2 2 2
- 1 2 2 1
- 1 1 1
- 1 4 2
- 6 2 2
- 4 4 6
- 3 2 6 2 2
- 2 3 2 2
- 2 2 2 1
- 1 6 2 1
- 5 2 2 12 1
- 2 4 2 11 2
- 1 3 3 12 1
- 1 1 1 9 6 1
- 1 3 1 2 9 2
- 2 3 1 2 1 1
- 5 1 4 1 1
- 1 4 1 1
- 2 6 3 2
- 2 6 1 1
- 20 1
- 7 1 5
- 6 1 2 2
- 6 1 2 1 1 1
- 7 1 1 1 1
- 20 10
- 35

C83 물속에서 공을 가지고 하는 운동

35×35

(Nonogram puzzle, 35×35)

Row clues (top to bottom):
- 1 1 7 1 1 7
- 1 1 2 2 1 1 2 3 2
- 10 10 3 1
- 1 1 1 7 1 1 1 3 1
- 1 1 1 3 1 1 1 1 1 5 1
- 1 1 3 1 2 1 1 1 6 1
- 10 2 14 2
- 1 1 2 2 2 1 1 7
- 1 1 3 4 1 1 1
- 1 5 6 4 1 1 2
- 7 2 2 9 2 1
- 1 2 3 2 5 1
- 5 3 6 5 2 1 1
- 2 1 6 2 2 2 1 2
- 1 1 5 2 2 3 1
- 2 8 1 2 1 2
- 1 2 6 2 3 4
- 2 2 6 3 3 1 1
- 1 1 7 2 4 3
- 2 9 6 1 2
- 6 16 2 2
- 10 1 2 1
- 2 3 1 1 3
- 4 2 2 4
- 4 1 2
- 10 1 1
- 7 1 1 1 5
- 5 3 5
- 9 3 10
- 1 5 2 8
- 8 2 4 5
- 5 4 12
- 2 5 2 4
- 3 9 6
- 10 2 9

난이도

35×35

Column clues (top, read top→bottom rows):

```
                                        1
                                  1  1  1
                    1  2  1  2  2  1  1              3  2
                    6  2  6  2  1  1  1  1  1  2  3                 1
          1  3   1  2           2  3  3  3  3  2  2  3  3  4  3  1  1  3        1
      3  1  1  1  2  7  5     2  2  2  1  5  1  3  5  1  3  1  4  2  1  2     2        2  2        2  2
   5  1  1  1  1  1  2  3  2  1  3  2  4  4  5  7  3  3  2  2  2  3  2  4  3  3  5  5  3  2  2  2  1  5
   4  1  1  6  3  2  2  2  3  4  4  2  8  3  1  1  1  4  2  3  1  3  1  1  5  4  1  2  1  2  2  1  1  1  2
   3  1  1  5  3  3  2  7  6  2  2  6  6  2  2  1  2  1  2  1  2  1  2  4  3  7  1  1  1  2  2  4 10  6  3
   3 10 12  6 11 12 12  5  1 11  9  5  1  1  1  2  2  6  2  5  5  4  5  6  6  7  2  1  1  2  5  1  1  2  4
```

Row clues (left):

	Clue
1	3 7
2	1 1 6 5
3	1 1 2 1 5
4	2 1 2 6 3
5	2 1 5 3
6	2 2 1 2 3 3 3
7	3 1 1 3 1 2 1 3
8	1 2 1 2 4 1 2 1
9	3 1 3 3 1 5 1
10	1 1 1 3 4 3 2 3
11	4 3 3 5 3 2 1
12	4 1 2 2 1 2 1
13	3 2 2 3 2 2 1
14	1 4 7 2 3 2
15	2 3 2 6 2 4 2
16	4 2 5 6 1 1 1
17	2 3 3 2 1 1 3
18	2 2 5 2 5 1
19	2 3 2 3 2 4
20	2 7 5
21	2 7 7 3
22	8 2 2 3 1
23	6 3 3 2 1 1
24	11 2 2 2 1
25	1 9 3 4
26	8 3 3 4
27	19 4
28	13 7
29	3 11 3 2 3
30	7 5 4 3 5
31	10 1 11 2
32	8 2 9 2 1
33	8 1 1 7 1
34	8 12 2
35	4 4 9 7 3

C85 빙글빙글 도는 말을 타요

난이도

35×35

Column clues (left to right, top to bottom):

Column	Clues
1	4 2
2	9 8
3	9 2 2
4	1 13 1
5	2 6 3 1
6	3 4 2 4
7	3 2 2 2
8	4 3 4 2
9	3 1 4 1 5
10	5 6 4 2 2
11	7 2 2 4 2 2
12	4 3 1 4 4 2
13	3 1 2 2 1 4 1 2
14	3 2 1 1 1 5 1 2
15	3 1 1 1 1 1 3 2 2
16	2 2 1 1 1 2 6 2
17	3 1 3 1 1 1 1 3 2
18	7 3 1 2 1 3 2
19	6 2 1 3 2
20	11 12 2
21	2 3 1 7 11
22	2 3 3 2 3 2 4 1
23	16 1 2 4 2
24	3 4 11
25	3 1 1 3 2
26	3 3 2 2
27	2 4 1 1 1 3 2
28	3 8 3 2 7
29	2 2 6 1 1 5 3
30	2 2 1 8 4 2
31	5 1 2 2 3 3
32	2 1 2 1 2 1 1 2 5
33	1 2 2 1 3 1 2 3 2
34	10 1 2 2 5 2
35	3 5 5 2

Row clues (top to bottom):

Row	Clues
1	7 1 1
2	9 1 2
3	6 2 4 7
4	3 1 2 1 7 1
5	4 1 2 1 2 4 1 1
6	6 1 1 1 7 2 3
7	6 2 3 1 6 8
8	4 2 2 2 2 3 2
9	7 1 2 2 4
10	2 2 4 2 3
11	1 1 3 2 2 1
12	1 7 1 2 5
13	1 1 2 4 1
14	2 5 2 1 2
15	3 14 1 2 2 1
16	6 6 3 3
17	8 3 3 2 6
18	5 3 3 7 2 1
19	4 6 3 3 3
20	4 7 2 3 1
21	3 7 1 7
22	4 5 1 2 2
23	4 1 1 1 2 1
24	4 1 5 2 2 1
25	2 1 1 1 2 5 3
26	1 2 3 4 3 2
27	2 6 8 2 1
28	2 4 5 1 2 1
29	1 3 2 1 2 3 2
30	1 2 1 4 3 1
31	1 1 2 4 2 2
32	1 2 1 4 2 1
33	1 1 1 2 1 2 2
34	3 14 1 13
35	19 15

난이도

35×35

행 힌트 (왼쪽)

- 2 2 14
- 2 4 2 1 9
- 5 4 7 7
- 2 1 1 1 6
- 1 1 5 2 6
- 5 2 1 2 2 1 4
- 1 6 2 1 1 3
- 1 1 3 2 1 2 3
- 1 2 1 4 4 3
- 1 2 5 2 2 1 3
- 1 3 6 1 3
- 1 2 2 1 2
- 2 8 3 2
- 3 8 4 1
- 15 1
- 2 8 2 1
- 2 8 2 1
- 2 8 2 1
- 16
- 16
- 2 3 4 2
- 2 3 4 2
- 2 4 4 2
- 2 4 4 2 3
- 18 5
- 18 1 1
- 2 4 4 2 1 1
- 2 1 1 4 2 7
- 2 2 1 1 2 2 1 2
- 2 1 1 1 1 2 9
- 19 7 1
- 20 1 1 2 1
- 2 2 1 1
- 2 2 2 2
- 2 2 7

열 힌트 (위쪽)

				4				1 1		3						1 3 2 3 5 5		
		6	2 1				3 1 1		7			1		1 1 2 2 2 1		
	4	1 5					1	1 1				1 1		1		
1	2 2 1		1 1		1 1 1 1 1	1 11		1 1		1	1 1 1 1 1 1 6		
10 2	2 2 5 2 5		8 10 1 2 1	2 7 1 1 1	2 1 2 1 1 3 1 1 1 1		
5 2 2 3 5 18 19 14	2 2 16 20 18	7 2 14 1 1	2 4 1 3 3 2 3 2 3 3 2 5 11		
4 14 16 2 2 4 2 2 2 3	2 4 2 2 2	2 4 2 15 8	1 1 2 4 6 2 1 1 1 1 2 6 13 18

난이도

35×35

Row clues (left):
- 3 3
- 1 2 2 1 1 4 4
- 1 2 5 2 3 3
- 4 4 12
- 3 4 12
- 3 4 3 3 3 3
- 15 4 6
- 6 6 2 6
- 1 2 3 5 1 3
- 3 5 6 3 5
- 3 2 5 2 4
- 2 1 2 6 2 2
- 2 1 1 2 1 6 3 2
- 5 4 1 2 3 2
- 1 1 3 3 3 3 1
- 9 2 2 1 1 3 1
- 2 2 1 4 1 1 2 2 4 1
- 1 3 2 9 2
- 10 1 7 2 2 1
- 2 2 6 2 1 3 2
- 1 1 7 2 1 4
- 3 2 6 1 2
- 3 1 5 2 2 2
- 2 2 1 3 1 11
- 7 3 5 4
- 4 1 3 7
- 1 4 2 8
- 6 1 3 2 5
- 3 1 1 2 3 1 2 2
- 1 2 2 5 1 1
- 2 3 6 3
- 4 9 5
- 2 7
- 15 2 2 2 10
- 15 2 2 2 10

C88 벽을 올라요

난이도

35×35

Row clues (left):

- 7 9 4 3
- 3 3 3 6 2 2 6
- 2 6 4 4 2 6
- 2 6 5 1 3
- 9 4 4 1
- 8 4 2 5 2
- 7 5 1 1 1
- 6 6 2 1 5
- 5 6 2 1 6
- 4 3 2 2 1 1 5
- 3 5 2 2 1 1 1 4
- 2 5 2 2 2 4
- 1 2 4 1 2 2 3
- 5 2 2 2 3 3
- 6 5 2 9
- 6 2 2 1 2 2
- 4 2 2 2 4
- 2 2 2 3
- 3 2 1 5 4 2
- 3 3 3 2 8 5
- 3 1 2 2 1 2 6 5
- 4 7 4 5 3
- 5 2 3 5 3
- 5 2 5 3 2 3
- 6 4 3 1 4 2
- 1 1 2 4 2 4
- 2 2 3 2 3 6
- 3 1 1 10 9
- 3 1 2 6 1 6 3
- 2 5 1 8 2
- 3 1 10 3
- 2 1 4 13
- 2 3 7 3 8
- 9 9 2 7
- 7 12 13

Column clues (top):

| | 13 | 12/3 | 2/7/5/7 | 1/6/5 | 1/6/4 | 8/2/4/2 | 7/2/4 | 2/5 | 3/2/4 | 3/4/3 | 3/4/2/2 | 2/4/1/2 | 5/2/2/1 | 2/2/2 | 3/2/3 | 3/2/2/2 | 3/2/2/2 | 2/2/3/3 | 2/2/2/2 | 5 | 2/2/2 | 1/4/2/3 | 1/2/6/1 | 2/6/5 | 6/4/5/4 | 2/5/12/5 | 5/5/1/2 | 2/2/4/6 | 2/1/3/4 | 2/5/3/2 | 5/3/8/2 | 4/6/3/3 | 4/4/4 | 2 | 3 |

난이도

35×35

Row clues (left):

- 9
- 7 11
- 11 5 10
- 5 6 3 10
- 6 4 2 4 3
- 4 2 5 3 3 2
- 3 3 3 1 1 1 1 3
- 1 1 2 2 1 1 1 1 2
- 1 1 1 1 3 5
- 2 2 1 1 3 2 3
- 2 4 1 2 5 2
- 3 2 1 5 1
- 3 12 2 1 3 1
- 2 1 2 7 1
- 1 1 6 7 1 1
- 1 1 1 13 1 2
- 1 1 10 5 3
- 1 1 2 6 6 2
- 1 6 6 13
- 2 1 8 7 4
- 2 1 9 7 3
- 3 4 7 5 3
- 9 11 3 1
- 3 3 3 4 1
- 9 3 1 1 1
- 3 3 1 1 1 1 1
- 4 3 1 1 1 1 1
- 6 1 1 1 1 1 5
- 7 1 1 1 1 1 6
- 3 1 1 1 1 1 1 6
- 2 1 1 6 5
- 2 6 1 1 5
- 2 1 1 1 1 5
- 2 1 1 5
- 2 7

난이도

35×35

로우(가로) 힌트:
- 8
- 7 2
- 5 1 6
- 3 9
- 4 7 2
- 4 3 1 2
- 3 2 1 4 2
- 2 2 5 5 4
- 3 3 2 6 5
- 2 5 2 3 5
- 3 2 2 4 4
- 2 1 3 1 3
- 3 2 2 1 3
- 2 2 2 2 3
- 2 11 2 2
- 2 3 3 3 1 1
- 3 5 1 6 3
- 3 6 1 4 4 2
- 2 12 2 2
- 2 6 2 3 2
- 2 5 1 1 2
- 2 6 1 2 2
- 2 5 11 2
- 2 6 8 5
- 3 7 6 2
- 9 6 1
- 6 4 2 5
- 2 2 5 1 6
- 9 1 1 1 1 1 4
- 7 3 1 2 1 4 1
- 5 3 2 2 6 6
- 9 3 2 1 7 5
- 1 7 8 3 6 5
- 3 5 6 4 4 1
- 7 2 6 1 10 3

C91　노를 저어요

난이도

35×35

Row clues (top to bottom):

- 7
- 2 2
- 2 1
- 3 2 11
- 3 2 3 1 2
- 6 2 10 1
- 2 2 2 1 1 1 4
- 1 3 3 1 2 1 2
- 2 3 1 2 2
- 23 3 4
- 6 3 1
- 4 2 2
- 6 3 3 1 1 4
- 1 8 3 1 1 3
- 1 1 1 1 1 4 3
- 23 3 3
- 6 3 9 2 3
- 3 5 1 1 5
- 2 6 3 8
- 2 7 2 2 6
- 3 6 1 1 1 4
- 3 7 1 1 3 4
- 2 8 6 5 2
- 2 7 2 8 2
- 1 8 1 10 1
- 8 15 2
- 1 4 12 1 2
- 1 3 15 2 2
- 1 18 1 1
- 1 16 2 2
- 2 14 6 1
- 2 10 8 1
- 2 8 5 2 1
- 2 5 10 1
- 4 20

C92 달리는 널빤지

난이도

35×35

Column	Clues
1	3 10
2	2 2 6 3
3	1 3 5 2
4	1 1 4 2
5	5 4 2 2
6	5 4 2 3
7	2 2 4 2 6
8	2 1 5 1 1 4
9	1 1 4 3 1 2 4
10	9 8 4
11	2 2 6 1 4
12	1 2 1 4 2 5
13	2 2 2 3 1 2 1
14	1 9 8 1
15	1 1 4 5
16	6 1 2 2 5
17	5 2 1 1 2 5
18	9 2 1 2 5
19	6 2 1 1 2 6
20	8 1 1 1 9
21	7 2 2 6 6
22	7 3 5 2 6
23	8 1 5 1 5
24	5 2 8 1 5
25	8 1 5 5 6
26	4 1 1 8 6 1
27	2 3 2 3 1 1
28	4 4 1 2 2 2
29	4 2 1 3 5
30	4 1 1 2 5
31	5 4 2 5
32	4 3 1 3 5
33	4 1 3 2 5
34	4 2 2 3 3
35	4 3 3

Row	Clues
1	4 2
2	2 3 5 5
3	1 1 4 9 8
4	6 4 11 8
5	2 2 4 11 6
6	2 1 14 4
7	4 11
8	1 1 1 4 1
9	3 1 1 1 1 1
10	5 2 1 4
11	9 3 2 1 2
12	8 2 5 2 3
13	7 1 5 2
14	6 1 1 2 3 1
15	4 1 2 1 1 3
16	3 1 1 9
17	2 1 4
18	2 1 6
19	1 2 9
20	1 8 5
21	1 2 6 2
22	2 4 1 1 4
23	3 5 6 2 7
24	4 5 2 1 8
25	4 6 1 5
26	5 9 1 3
27	1 7 6 5
28	4 1 1 9
29	3 3 15
30	1 1 11 5
31	20 3
32	25
33	8 11 1
34	7 8 3
35	4

C93 콩콩 뛰며 줄을 넘어요

난이도

35×35

Column clues (top):

35 | 14 | 11 | 10 | 10 | 11 | 11 | 11 | 11 | 11 | 11 | 7 | 3 | 2 | 1 | 1 | 1 | 1 | 3 | 2 | 1 | 2 | 3 | 4 | 4 | 1 | 1 | 6 | 7 | 7 | 3 | 7 | 3 | 4 | 6

Row clues (left):

					clues
				17	10
			13	4	2
			12	7	2
			11	9	1
	5	4	3	6	1
	3	6	1	3	1
2	7	3	3	2	1
1 3 2 3	1	1	1		1
4	3	2	1	1 2	1
3	3	2	1	2 1	2
	2	3	2 1	3	1
		5	2	13	1
4	2	2 2	2	2	1
4	1 1	2	3	1	1
	3	1 1	8	2	1
	3	2 1	9	2	2
2 1	2	1	3	1	1
2 2	1	1	3	2	2
	1	5 2	11	6	
	1	2 3	12	2	
	1	3	14	1	1
2 2	3	10	3	3	
	2	7	1 1	5	
	2	2 1	2	2	
	3	6	1 1	1	
		11	1 1	1	
		11	1 1	1	
		11	12	4	
	12	1 1	4	3	
		12	1 1	3	
		12	1	2 3	
		12	2 2	7	
		13	11	3	
		14	4	2	
			15	3	

C94 눈 위를 빠르게 내려와요

난이도

35×35

Column clues (left to right, each read top to bottom):

Column	Clue
1	5 6
2	3 2 10
3	1 3 10
4	5 2 1 3
5	5 2 1 4
6	4 4 1 4
7	1 2 1 3 6
8	4 1 1 6
9	4 1 1 6
10	3 1 5 4
11	3 1 4 5
12	2 1 3 6
13	2 4 1 2 7
14	2 2 1 1 1 9
15	1 1 2 1 12
16	1 1 1 1 9 3
17	2 5 10 4
18	3 2 5 4 6
19	2 2 1 3 2 4 2
20	5 1 1 2 2 1 5 1
21	8 1 1 2 1 7 1
22	4 2 2 5 6 1 2
23	4 1 1 2 5 3 2 1 2
24	3 1 1 2 3 1 2 3
25	2 2 5 1 1 6
26	3 2 3 1 1 2
27	4 1 1 2 2 1 4 1
28	5 1 7 1 4 2
29	7 2 3 2 2 4 2
30	4 2 1 1 1 6 2
31	6 1 2 1 4 2 1
32	4 1 1 1 2 4 2
33	4 1 2 2 7 2
34	4 2 3 2 5 2
35	4 2 6 3 2

Row clues (top to bottom, each read left to right):

Row	Clue
1	10 4 8 1
2	2 3 7 10 4
3	12 5 10
4	1 7 4 9
5	5 2 7
6	2 4 3 1 1
7	4 2 1 4
8	2 1 1 2 2
9	1 2 3 2 1
10	3 2 2 2 2
11	2 2 5 3
12	2 2 1 3 2
13	2 3 8 1
14	1 2 4 5 1
15	1 1 2 1 2 1
16	1 1 3 1 1
17	2 2 2 2 2 2
18	3 6 5 2
19	5 3 2 2 2 2
20	3 6 7 2 4
21	3 1 2 5 2
22	3 1 1 1 3 3
23	3 1 2 3 2 3
24	3 1 9 1 3
25	2 1 10 2 1 3
26	2 8 4 2 4
27	4 3 5 2 4
28	5 5 6 4
29	7 6 3 2 4
30	6 6 3 1 4
31	13 2 1 3 1 1
32	11 2 4 2 2
33	12 4 2 2
34	10 4 2 2
35	11 2 2

난이도

35×35

Row clues (left):

1. 2 10
2. 2 3 2 2
3. 3 2 2
4. 2 2 1
5. 2 2 2 1 2
6. 2 2 4 5 2
7. 2 1 3 7
8. 2 4 5 6 2
9. 1 7 5 4 1
10. 7 4 3 1 2
11. 6 2 3 1 3 3
12. 12 2 2 2 6
13. 7 2 2 6
14. 4 2 5 3
15. 2 1 4 4
16. 1 4 15
17. 3 3 13
18. 2 1 2 4 6 4
19. 2 2 1 3 6 1 1
20. 2 4 3 1 1 1 1
21. 4 2 1 1 1 1
22. 7 10 1 2
23. 5 12 2 1
24. 4 13 2
25. 4 5 5 5
26. 4 2 4 1 1 5 2
27. 8 4 1 4 4
28. 5 3 4 4 6
29. 5 3 2 1 1 7
30. 5 2 3 1 5
31. 5 3 2 1 4 2
32. 1 5 2 7 4
33. 3 5 3 3 6
34. 6 4 3 4 6
35. 9 9 4 3

Column clues (top):

Col	Clues (top→bottom)
1	2 3 10 7 4
2	6 10 3
3	6 11 3
4	6 11 2
5	2 6 2 5 2
6	6 1 8 2
7	2 1 2 3 3 2
8	2 1 4 2 3 1
9	3 2 1 1 2 1
10	1 1 1 2 2 1
11	1 1 1 1 2
12	1 2 2 2 1 2
13	2 1 4 4 2 1
14	2 2 2 1 2
15	2 5 3 2 1 2
16	1 2 2 2 1 1
17	1 3 1 1 1 2
18	1 5 2 3 2 3 2 1 1
19	2 2 3 1 1 1 3
20	2 2 1 3 8 2
21	1 3 4 2 2 3
22	4 3 1 1 2
23	5 4 3 6 1
24	3 3 2 1
25	6 7 1 4 2
26	7 14 1 1
27	2 3 3 2 4 7 3 2 1
28	3 2 1 6 1 4 1 13
29	3 1 4 5 3
30	3 2 6 3 1
31	2 2 2 11 3 2
32	2 1 3 4 2
33	3 2 5 8 4 2 3
34	4 2 3 1 3 4
35	2 2 2 2 4 3 1

난이도

40×40

난이도

40×40

난이도

40×40

난이도

40×40

난이도

40×40

C101 시위를 당겨요

40×40

C102 빙글빙글 돌아가요

난이도

40×40

Column clues (top to bottom):

Column	Clues
1	26 4
2	30 3
3	9 10 2
4	6 8 1
5	5 12 5 1
6	4 2 3 4 1
7	3 3 3 2 2
8	2 2 2 1 3
9	2 2 2 3 4
10	5 6 4
11	2 2 4 2
12	1 2 3 1
13	2 11 4 3
14	1 16 1 2 2
15	1 7 8 1 2 1
16	9 6 2 1
17	5 13 7 1
18	2 1 1 9 4 4 2
19	1 2 5 7 4 2
20	4 1 8 7
21	4 1 10 5
22	3 16
23	2 2 2 5
24	6 6 1 9
25	8 3 1 1 12
26	3 3 2 2 1 5 6
27	4 4 1 4 6 4
28	5 5 1 1 2 11 2
29	3 7 2 1 6 3 1
30	4 8 2 2 2 1
31	1 6 4 2 2
32	3 2 3
33	4 4 8 3 1
34	7 2 7 4 9 4
35	3 1 6 3 14 3
36	4 4 6 2 3 6
37	9 7 5 7 4
38	6 14 12 3
39	4 13 14 3
40	18 16

Row clues (left to right):

Row	Clues
1	3 2 2 2 4
2	5 2 2 2 4
3	7 2 2 2 4
4	4 2 2 3 2 4
5	3 1 5 2 2 2 2 1
6	3 2 6 2 2 2 2 2 1
7	3 4 2 3 2 8 2
8	3 2 8 2 1 2 2 2
9	3 2 3 2 2 2 3 2 2
10	3 2 2 2 3 4 3
11	3 1 3 1 2 5 4
12	2 2 3 3 8 8
13	2 2 6 3 4 8
14	2 1 3 1 1 2 4 8
15	2 1 2 3 2 3 8
16	2 1 2 2 4 1 2 8
17	2 1 2 6 2 3 8
18	2 1 2 6 5 2 3
19	2 1 2 6 1 6
20	2 1 2 6 4 5 1
21	2 1 2 6 3 2 3 2 1
22	2 1 3 11 1 2 2 1
23	2 1 3 7 2 9
24	2 2 3 1 3 1 5 2 1
25	2 1 2 1 2 4 2 3
26	2 2 2 1 2 5 2 3
27	3 1 2 1 8 2 3
28	3 2 2 1 9 2 4
29	3 2 2 2 9 2 4
30	4 3 2 10 2 4
31	4 4 2 4 2 1 2 4
32	4 1 10 2 1 2 4
33	5 3 1 2 1 2 2 2 4
34	5 3 2 2 1 3 1 2 4
35	11 5 1 3 2 2 3
36	5 3 3 2 2 2 2 3
37	1 3 2 3 2 3 4 2 1
38	2 3 6 2 1 7
39	3 5 3 2 7
40	12 5 7

40×40

난이도

40×40

40×40

난이도

45×45

난이도

45×45

난이도

45×45

D109 명소 : 사랑하는 부인을 위해 만들었어요

난이도

45×45

난이도

45×45

D111 명소 : 바게트를 사서 놀러 갈까요?

난이도

45×45

D112 명소 : 빛에 씻긴 섬이라고 불려요

45×45

D113 명소 : 물의 도시

난이도

45×45

난이도

45×45

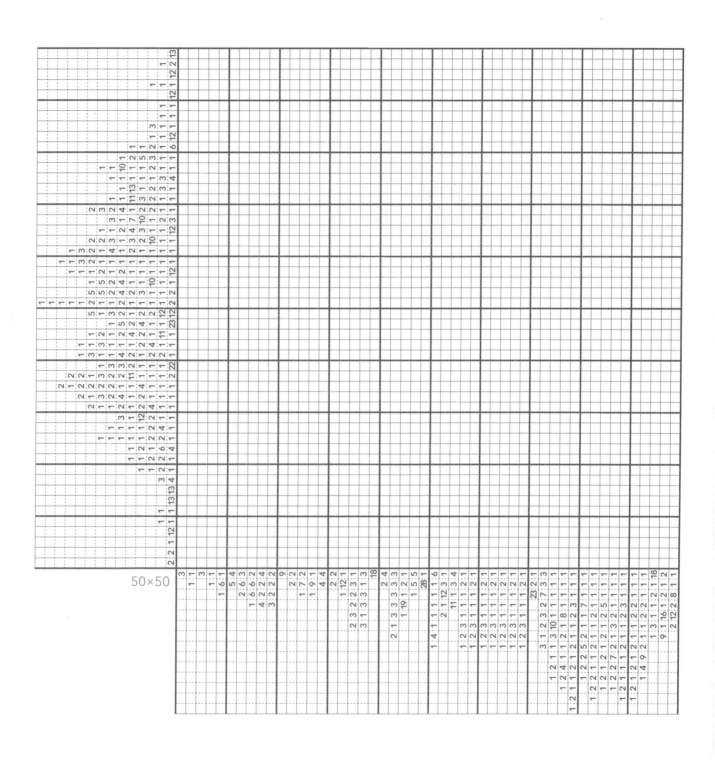

50×50

50×50

난이도

50×50

난이도

50×50

60×50

난이도

50×60

NEMONEMO

해답

LOGIC PLUS

A1 종

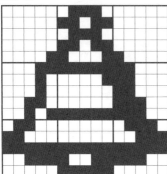

A2 닻

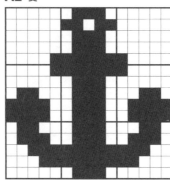

A3 소라

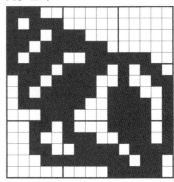

A4 침대

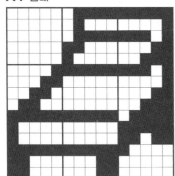

A5 오리

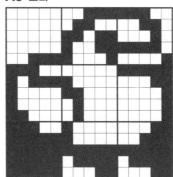

A6 안경

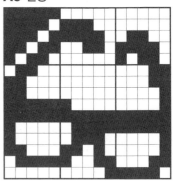

A7 달

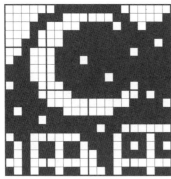

A8 뱀

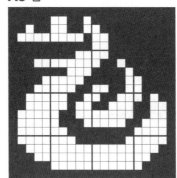

A9 잠자리

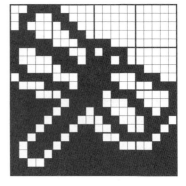

A10 텔레비전

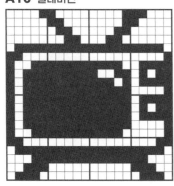

A11 나비

A12 치즈

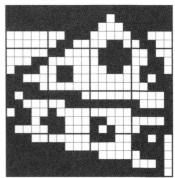

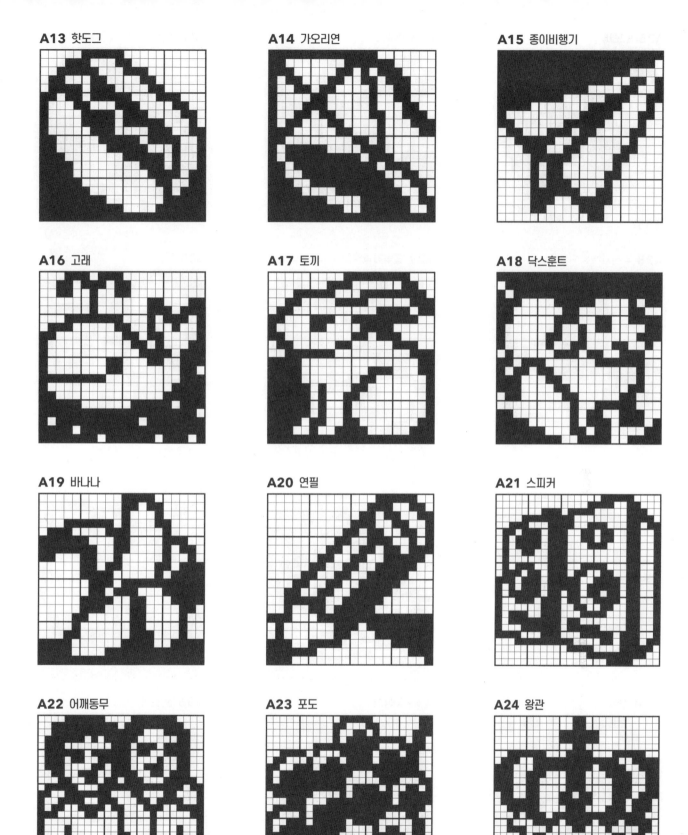

A13 핫도그

A14 가오리연

A15 종이비행기

A16 고래

A17 토끼

A18 닥스훈트

A19 바나나

A20 연필

A21 스피커

A22 어깨동무

A23 포도

A24 왕관

A25 도도새

A26 아이스크림

A27 펭귄

A28 주전자

A29 물뿌리개

A30 리본

A31 식빵

A32 수박

A33 양말

A34 선생님

A35 자동차

A36 손 씻기

A37 카드

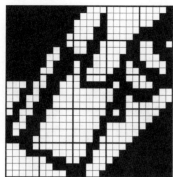

A38 라디오

A39 피리 불기

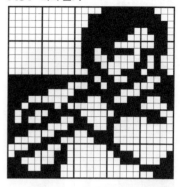

A40 말

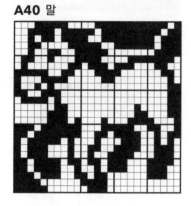

A41 조바위

A42 태권도

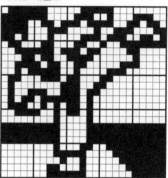

A43 앵무새

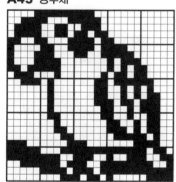

B44 영상통화

B45 초밥

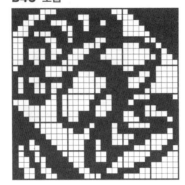

B46 트리케라톱스

B47 해먹

B48 빨간모자

B49 로봇

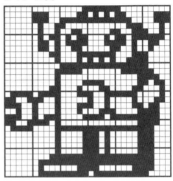

B50 사격

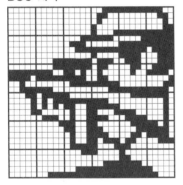

B51 해적

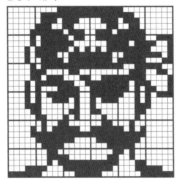

B52 응원

B53 라쿤

B54 문어

B55 닭과 병아리

B56 소방관　　**B57** 요가　　**B58** 래퍼

B59 기지개　　**B60** 졸업식　　**B61** 회중시계

B62 광선검　　**B63** 소년과 강아지　　**B64** 낚시

B65 코뿔소　　**B66** 그네 타기　　**B67** 횃불

B68 팬 뒤집기

B69 도마뱀

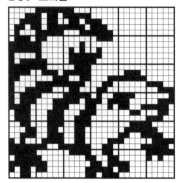

B70 다람쥐

B71 손하트

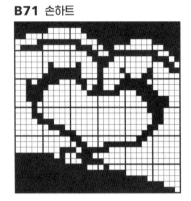

B72 캥거루

B73 어부바

C74 킥복싱

C75 장보기

C76 리듬체조

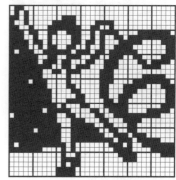

C77 사탕 먹는 아이

C78 풍선 불기

C79 사진 찍기

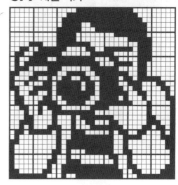

C80 상담원

C81 육상

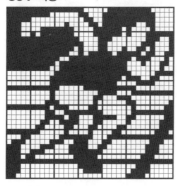

C82 드립 커피 만들기

C83 수구

C84 오리 캐릭터

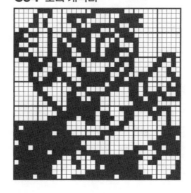

C85 회전목마

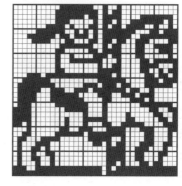

C86 페인트칠

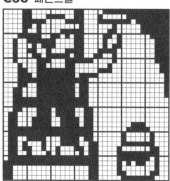

C87 용

C88 클라이밍

C89 책 같이 보기

C90 사물놀이

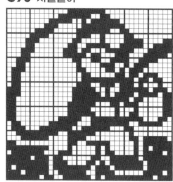

C91 보트 타기

C92 스케이트보드

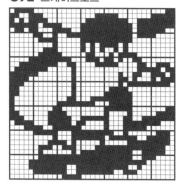

C93 줄넘기

C94 눈썰매

C95 서핑

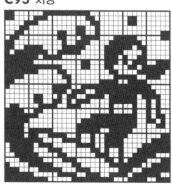

C96 곡예사

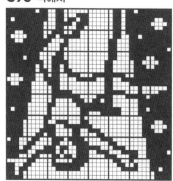

C97 임금님 귀는 당나귀 귀

C98 민화 속 호랑이

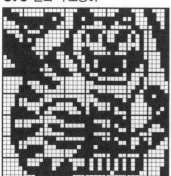

C99 해적선

C100 생일 파티

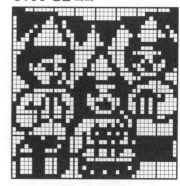

C101 활쏘기

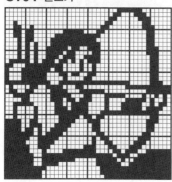

C102 찻잔 놀이 기구

C103 탱고

C104 간병

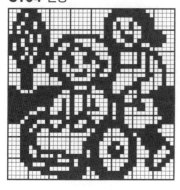

C105 카우보이

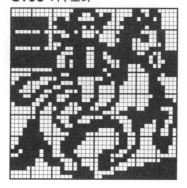

D106 경복궁

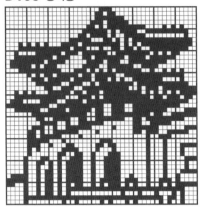

D107 시드니 오페라 하우스

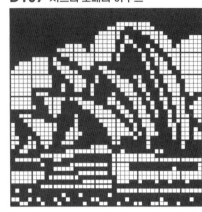

D108 성 바실리 대성당

D109 타지마할

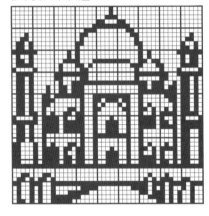

D110 모아이

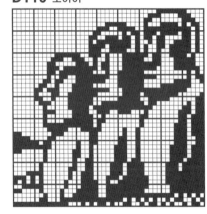

D111 에펠탑

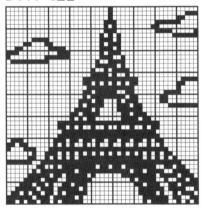

D112 산토리니

D113 베네치아

D114 멀라이언 파크

D115 다보탑

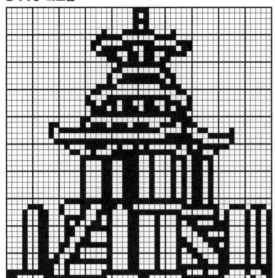

D116 런던 브리지

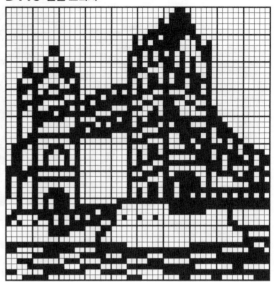

D117 브라질 예수상

D118 석굴암

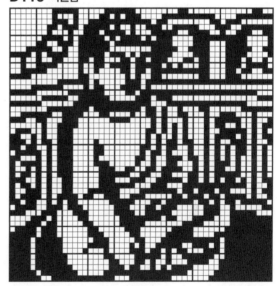

D119 파르테논 신전

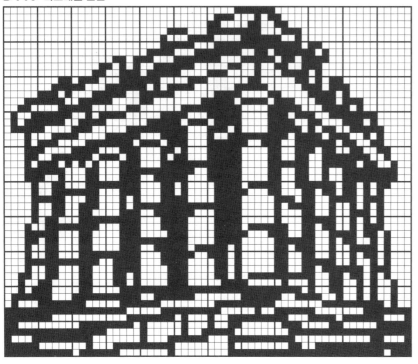

D120 자유의 여신상